敢夢想飛

Young life 召命導航手冊

蔡元雲 著

敢夢想飛——Young life 召命導航手冊（增訂版）
作者／蔡元雲
總編輯／馬鎮梅
策劃編輯／廖迎祺
責任編輯／楊碧瑤　伍詠慈
美術設計／劉碧雲
出版發行／突破出版社
香港沙田亞公角山路33號突破青年村
電話：2632 0000　傳真：2632 0388
電郵：breakthrough@breakthrough.org.hk
網址：http://www.breakthrough.org.hk
http://www.btproduct.com
承印／陽光（彩美）印刷有限公司
2004年4月初版1刷
2011年2月2版1刷
2016年12月2版3刷
版權所有 © 2011 突破有限公司

The Pursuit of a Dream in Career Planning
by Dr Philemon Choi
First Printing, First Edition, April 2004
First Printing, Second Edition, February 2011
Third Printing, Second Edition, December 2016
Copyright © 2011 by Breakthrough Ltd.
All Rights Reserved
Printed in Hong Kong
ISBN 978-988-8073-22-1

本書經文取自《新標點和合本》，版權為香港聖經公會所有，承蒙允准採用，特此鳴謝。

誠邀閣下就突破出版社的書籍發表意見

歡迎加入突破書籍 Facebook page — http://www.facebook.com/btbooks.page

本書採用環保油墨印刷

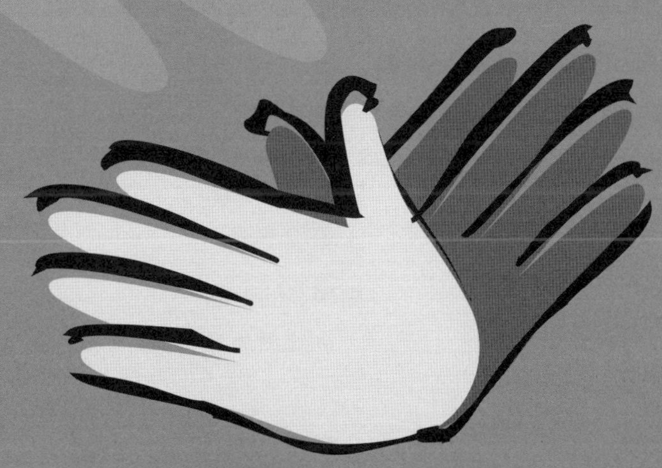

栽培新一代

年輕的心 驛動卻美麗

認識 貼近

關愛 同行

建造新一代更動人的生命

目錄

規劃路線

附錄

增訂版自序

當編輯決定將這本書修訂再版時，我心中充滿喜悅；今天的我仍是個敢夢想飛的人；身為青少年工作者，我其中一個目標是鼓勵並陪伴青少年尋夢、起飛。

少年時，我是個不會做夢、不打算飛翔的人。這可能與我的成長背景有關：我父親是寧波人，當年全國陷入內戰的混亂困局，父母攜同幼年的我從上海遷居香港，惟一目的就是逃難。我父親十四歲開始海員生涯，直至退休都在當海員，職級從「班得利」（pantry boy，洗碗）升至「大管事」（chief steward，管理船上膳食和客務）；母親婚後一直專心持家、相夫教子 —— 都沒有講什麼夢想。父母對我亦沒有什麼要求：他們見我中規中矩，學業成績過得去已經很滿意，本來希望我中學畢業，找份正當職業幫補家計，足夠自立，然後成家立室便夠了。我的家並非一個追逐夢想的家庭。

中學畢業後，考上預科班（中六），只是隨着身邊的同學商議一下，倘若考入大學唸哪一科。我當年決定報考醫科，也算不得什麼夢想，只因我不想讀文科和商科，又覺得自己不適合當工程師或律師，那就試考醫科吧，並沒有什麼雄心大志。

反倒是後來未能考上香港大學醫學院，有一種近似「夢想破滅」的感覺：當我在港大「陸佑堂」看到自己的成績，自知入醫科無望，竟然淌下挫敗、傷感的眼淚，心中茫然，不知下一步該怎樣走下去。

未能闖進當年香港惟一的大學，我在羅富國師範學院讀了一年，相當輕鬆、成績良好；卻是未放下讀醫的「夢」（想是不服輸，過於是什麼夢想的催逼）。我要感激父母慷慨的支持，讓我踏上往加拿大留學之旅，確是人生第一次離開家園，仍不算是敢夢、想飛。（因為機票昂貴，而且母親想我多帶點行李，那時是乘船、再轉火車到加拿大的溫尼伯唸大學。）

闖入做夢的年代

我在加拿大溫城（Winnipeg）遇上一羣敢夢的同學：我相當驚訝，他們很有目標，很勤奮讀書。他們當中很多都能夠清楚講述，為什麼想當醫生、教師或工程師。不單如此，課餘還會到「唐人街」探訪當地華僑，每年熱誠地接待到該大學進修的華裔新生，星期天上禮拜堂、教主日學，此外甚至辦了一份雜誌《泉源》，透過出版《泉源》文集叢書——《給摘星星的人》，流露了他們敢夢、想飛的心。

我既是被這羣勇於尋夢的大學生所感染，身居北美的七年，適逢是一個集體做夢的年代：馬丁路得・金牧師著名的演説："I have a dream"，表達了他為美國黑人人權抗爭的夢；年輕的美國總統甘迺迪向當時面對國際危機（蘇聯在古巴建立戰爭基地、威脅美國安全）的青年人發出挑戰："Ask not what the country can do for you, ask what you can do for our country"；他的弟弟羅拔甘迺迪也留下名言："People see things as they are and ask why；I see things as they can be and I ask why not！"可惜這三位敢夢者先後被人射殺身亡。

同期，加拿大也出現了一位有夢想的總理：杜魯多，掀起一陣"Trudeaumania"（追隨杜魯多的熱潮），共同尋索如何建立一個英法文化共融、多元文化的加拿大國，拒絕再囿於「大英聯邦」中身分模糊的一員。

當年，《聖經》中有一句話深入我心：「沒有異象，民就放肆」（〈箴言〉29：18）——一個人若果沒有夢想（從天上來的夢想就是「異象」），他的人生將會失去目標和方向！然而，我直到醫學院畢業，也不敢說很清楚自己的心底夢；只是有一個大方向，回歸我成長之地香港，將所學的回報自己的城市，也是向上帝、向父母報恩——行醫助人，既符合自己的興趣，亦還了自己遠赴加拿大進修的心願。

與其說我尋到了人生的夢，倒不如說：我的夢找到了我。回港後，我十分投入並喜愛醫生的職責，自覺得到醫院和病人的信任，很有滿足感。這時意想不到遇上了我生命其中一位恩師——《突破》雜誌創辦人蘇恩佩，並認識了另一羣敢夢的人。恩佩看透我的心底夢：她看見我有一顆願意與青少年同行的心。

此後，我們一羣心中有夢的人一同祈禱，一同為夢付出代價，尋找起飛的路，我的心逐步火熱起來，正式投入了「突破運動」，從 1973 年一同創辦《突破》雜誌，一晃就是三十七年。今天，我仍在「突破」與青少年同行——腳蹤從香港到國內，並且有機會接觸海外的青少年，跟他們分享生命故事。

人生不設限

夢是有生命的，心中的夢會成長、成熟，逐步推動懷夢的人嘗試起飛，讓夢境成真。今天我心中的夢仍然在燃燒，再修訂這本書正是實踐我的夢想，讓生命的火傳遞出去。我深信每個青年人心底都有夢，但願能親眼看見青少年敢夢、想飛，創路、前行，心中有說不出的喜悅。

當我正在修訂本書時，有機會到澳門一趟，與一位青年人力克．胡哲（Nick Vujicic）相聚，並且聽他分享成長故事，如何以個人經歷燃點心中有夢的青少年。

我曾經讀過力克寫的《人生不設限：我那好得不像話的生命體驗》，被這奇蹟般的生命深深感動。這位今天才二十八歲的澳洲籍、塞爾維亞裔青年，出生時證實患上海豹肢症（Phocomelia），天生沒有四肢，母親曾經極度沮喪地對助產士說：「把他帶走，我不想碰他或看到他。」

今天的力克，已經唸完大學，並且學會游泳、踢足球、打哥爾夫球、滑板、衝浪、打電動鼓……他的夢想是向人分享生命故事，他已到訪過全球三十六國演講，面對面觸動數以萬計的聽眾，激勵他人尋夢。

他有一個信念，每個人都可以「找出一個你喜歡自己的地方，一個就夠。」力克找到了：「我的眼睛不錯……我永遠都會有漂亮的眼睛。」

當我在澳門的體育館內，面向一萬名聽眾，站在力克身旁，為他翻譯時；我發現他的眼睛不單漂亮，而且會說話。力克的眼睛流露出他心中的火；他以自己「敢夢、想飛」的生命，繼續每年飛行 150 次，到世界各地燃點青少年的生命。

「人生不設限」，祝願你的生命因夢而起飛！

蔡元雲

二〇一〇年十二月二十一日

蔡醫與力克合照

初版前言：尋找自己的路

從沒有想過在 1986 年寫的一本書：《你也可以計劃人生》，今天竟然再生，蛻變成《敢夢、想飛 —— 你也可以計劃人生》（編按：2004 年出版）。

當年寫這本書的用意十分簡單，只想與一些面對擇業的青少年，一同探索工作生涯規劃這必經的一步。書中分享一點自己的經歷，也從就業輔導的角度，提供一些指引。

十七年來，收到不少讀者的回響。他們有的寫信跟我分享擇業時的困擾；也有人與我面談，傾訴他們實踐夢想時的掙扎；也有青年人覺得認識自己、勇於創路，原來並不容易。不過是數月前，還有人告訴我，因為這書斷了版，有一個年輕人就把書影印了三份，分給他的朋友閱讀。

新時代新版本

讀者的反應，再加上編輯們的鼓勵，我決意把這本小書修訂，也增添了新的觀察和材料，俾對新的處境有更適切的回應。

今天本港的年輕人在擇業時面對的挑戰，無疑比當年大得多，因為香港、國內，以至整個世界都在劇變之中，所以我加入〈巨變中闖出天地〉（編按：即〈巨變中找座標〉）這一章。多年以來，本地青少年的失業率一直高企，2003 年更因社會整體受到非典型肺炎的衝擊，十五至十九歲這年齡層的失業率，衝破 37%，是有史以來的最高點。再加上政府不斷降低財政赤字，工商界厲行節流，減薪裁員遂成為潮流，長期僱員也變為合約員工……如此種種，令新一代在就業方面更缺乏安全感。

置身社會劇變、就業困難的處境，許多年輕人都不敢作夢，也不談理想，找到一份工作已經萬幸。追尋心中嚮往的事業，似屬過分、奢侈、不切實際！但我深信，仍有一羣青少年，不甘向現實低頭。就是作出了妥協的年輕人，也會按捺不住心底蠢動的夢想，渴望找到出路。我就把這書獻給有夢、無夢，或夢想失落的年輕人吧！祝福新一代在逆境中，依然保存那尋夢的純真和勇氣！

三十年前我投身「突破」，從事青少年工作，至今仍然沒有離開這個自己熱愛的崗位。有不少人問我，可曾為捨棄了喜愛的醫生工作而後悔？回顧三十年來走過的路，得見一代接一代同行的青少年，如今已經成長成材，我只能說：無悔、無憾！

追溯歷史，原來就在這書出版的當年，本港社會已經出現九七的震盪。突破機構選擇了肩負「植根香港、尋根中國、紮根永恆」的使命。在

1984 年，我們購置了吳松街的「突破中心」，表明植根此地的決心；更在 1992 年動手籌建「突破青年村」，以行動説明我們的信念：與本地青少年一起跨越九七，共闖二十一世紀。我們堅信香港的青少年可以成為二十一世紀的領袖。

九七回歸後，香港人學習當家作主，但困難重重、失誤頻頻。青少年在經濟轉型、教育改革、政治爭拗中，經受前所未見的考驗，同時也累積了不少挫敗感！

2003 年，香港更連連受到意想不到的打擊：非典型肺炎肆虐一百天；「七・一」五十萬人遊行上街，經濟低谷中出現管治危機 —— 香港人的信心再三動搖。

當時，一直未曾動搖的，是自己內心的信念 —— 青少年仍是二十一世紀的領袖；沒有失去的，是內裏的信心 —— 上帝仍然看顧這城，祂吩咐我為這城求平安；沒有離棄的，是自己的崗位 —— 按着內心的呼喚、天上的呼召，穩守服侍青少年的職分。

從來沒有想過，自己竟然受特區政府委任為多個委員會的成員，參與商討青少年的政策。過去兩年多，也承擔了「青年事務委員會」主席的職責，向政府各部門提供青年政策的意見。

我心中掛念的是：如何提升本地青少年的抗逆力，無懼重重困境？如何肯定新一代的文化身分，讓他們在香港回歸中國、中國與世界接軌的大局裏，扮演橋樑的角色？如何培育新一代的文化與心理素質，使他們即使面對全球經濟趨向一體化，文明卻衍生衝突的境況下，仍然可以貢獻自己的力量？我始終堅信：生命影響生命。新一代的文化土壤須要更新，以致他們的生命成長得更加茁壯。

自知力量十分有限，但慶幸找到一羣同路人，彼此結伴同行。我衷心感激自己的配偶、家人、同事，在路上不斷的支援。

呼召你投入生命

在眾多與職業有關的詞彙中，「工作」（job）給人一種短暫的感覺。「事業」（career）這個詞很好，有長線發展的含意。「專業」（profession）就有特殊意義：不單指技術要專，也要有專業精神。不過，我對「召命」（vocation）情有獨鍾。

然而，「召命」別具一個深層的意思：人人都該帶着一種呼召感、使命感，全心全意投入自己的職業崗位。試想想，以時數計，工作佔了人生多達十萬個小時，如果可以在工作崗位上，暢快地發揮一己的潛能，進而無私地貢獻自己的力量——為身邊的人、為自己的城市、為自己的國家、為創造生命的主，做一點有意義的事——這是何等的可喜可樂！

上帝造人每個都不一樣。我確信天生我才必有用，就是留在家中當主婦，也是一種呼召。職業更無貴賤之分。眾人的職分都在自己居住的城市、國家，有一定的位置；甚至對「地球村」的建設，都有恰當的角色。

我已找到人生的崗位，心中湧溢着感恩和感激之情。人人都得尋找自己的路，也要鼓起勇氣、操練信心、付出代價，邁步向前。毋須過分憂慮明天如何，也不必把得失看得太重。　祝

尋己、創路愉快！

蔡元雲

二〇〇四年三月一日

這一個作者

或許你會奇怪，為什麼作者要先來一番自白，才入正題？

許多書的作者都是比較隱藏的。他們採用筆名，在作品中很少提及有關自己的事情，你只能夠從字裏行間去捕捉他們的影子。

但這書是作者與你個別的談話，而且談的是很個人、很切身的問題，所以你該認識一下與你談話的是誰。

我想先跟你分享年輕時的體驗。我在大陸出生，卻是個地道的香港人。我對家鄉寧波全無印象，因為自三歲起我便長於香港，受教育於香港。

中七那年，我考不進港大醫學院，卻跑到加拿大唸醫科，繼續追尋那一度失落的夢想（我在中四已立志將來要當醫生）。基於一份對香港的情，對中國人的情，對我所信上帝的回應，醫科畢業後我回到香港執業，自此植根這地。我單身赴遠洋尋夢，回來時已有妻兒陪伴。我是兩個兒子的父親，如今，兒子都已成家立室，還給我添了孫兒。孫兒逗人喜愛，帶給我無窮歡樂。

再說回我的從醫生涯。我在醫院工作了五年，卻想不到後來竟會放下原來的夢想，轉而投身大眾傳媒、輔導的工作，與本港的青少年共同探討人生，一起面對成長中的難關，一同學習如何以香港為家。為了配合這個轉變，我得裝備自己，於是再到美國進修心理輔導與神學，之後便完全放下服侍病人的工作。你可以從〈前言〉（編按：即〈初版前言〉）看到我投身「突破」三十多年走過的路。

坦白說，這書不是一本自傳，但寫進去的，卻是我的心底話，是經歷了人生，累積了一點體驗，想與你分享，一起探索人生的肺腑之言。

雖然你我素未謀面，但是希望這短短的自我介紹，能讓你對這個與你談話的我，有個最起碼的印象。

我的定位系統

巨變中找座標

巨變中何去何從？

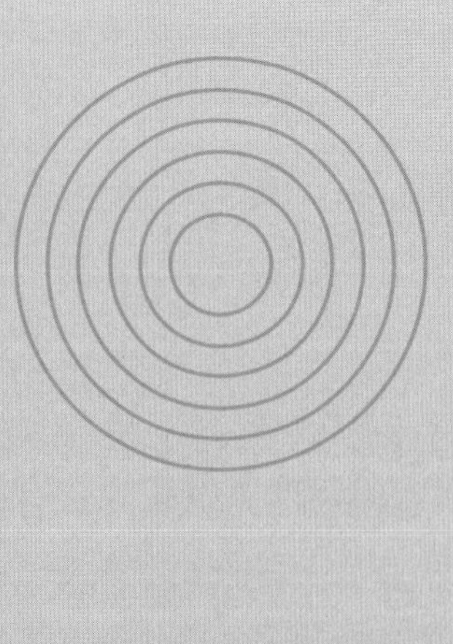

身居香港，背靠中國，面向世界，新一代如何在巨變的年代中創路？

九七回歸好像是昨天的事，一眨眼，我們已經置身於二十一世紀。這是一個巨變的年代。

龍的崛起

2008 年奧運會由北京主辦，中國運動員拿下多枚獎牌，成為各國之冠；2010 年廣州舉辦亞運，中國更奪得金牌 199 面，破歷屆任何國家的紀錄；世界博覽會也於 2010 年在上海圓滿舉行，為歷年進場人次最多的世博。當下中國已成為世界貿易組織、世界衞生組織、G20 世界高峰會議、2009 年哥本哈根氣候變化會議等世界重大議題會議的成員，江澤民、溫家寶先後到美國哈佛大學演説，在國際事務上舉足輕重。在全球經濟出現困難時，中國保持雙位數字的經濟增長；科技上亦取得明顯的突破，繼「神舟五號」載楊利偉順利升空，2008 年中國又一次將載人飛船升上太空；醫療、資訊科技的表現也非常突出。香港和國內的經濟與交通緊密連繫，內地為香港締造了許多機會……中國已踏進世界經濟、政治、文化、衞生、運動的舞台。「龍的世紀」果真終於來臨？

2010 年的世博主題是 "Better City, Better Life"「城市，讓生活更美好」，關注科技與文化如何提高生活質素；可惜卻未正視人的生命素質。際此，美國 2011 年的「量化寬鬆」貨幣政策、印度經濟與科技的興起、日本的軍事裝備、俄羅斯的強權政治、北韓的軍事挑釁；國內的維權運動、近三億的流動人口、劉曉波獲得諾貝爾和平獎……都顯示崛起中的中國，仍然面對重重內憂外患。

全球新戰爭

放眼國際，「九·一一」紐約的「世貿中心」瞬間摧毀，美國這個從未受戰火洗禮的國家，竟成為恐怖分子襲擊的頭號目標。美國不再一樣！阿富汗、伊拉克、中東也不再一樣。由美國發動的反恐戰爭，戰線愈拉愈闊。全球驚醒過來，恐怖分子似乎遍佈世界，度假天堂變得危機四伏。中東的局勢從未緩和，伊朗及北韓的核武威脅與日俱增。中日、中印、日俄、南北韓之間的領土紛爭仍然緊張，全球多處都處於戰爭邊緣狀態。原來「文明的衝突」可以演變為非理性的戰爭！

非典型肺炎出現，向全球發出嚴重警告，一種來歷不明、變種的病毒，可以轉眼間奪去生命、摧毀經濟。本港醫療界人員的專業、捨己精神，卻在幽暗裏發出光芒。然而自從非典型肺炎後，豬流感、超級細菌仍在威脅全球，又因人口流動頻繁，加速病毒傳播。此外，愛滋病、吸毒、濫藥都對青年人構成嚴重的威脅。另一方面醫療科技急速發展，生物科技（Biotechnology）及納米科技（Nanotechnology）的確先進；但回顧「基因工程」研究如何改造動植物，為人類生殖科技帶來喜訊，也造成威脅，例如「代母」的合法性及道德爭議，似乎也在衝擊人倫社會長久的價值觀念。

全球經濟步向一體化，但各國同時都恐怕美國獨大。歐盟不斷謀算，結合力量，意圖打破壟斷；佔「三分二世界」的發展中國家也嘗試結盟，對抗經濟強國的欺壓和剝削；日本的經濟地位不再是亞洲第一，亞洲四小龍也失去昔日的威猛。

中國的經濟卻是持續飛騰。經歷 2008 年金融海嘯之後，發展中國家更積極爭取國際舞台上的發言權和經濟利益，不甘被列國掠奪天然資源；世界資源不均、貧富懸殊的局面，製造國與國之間難以舒解的張力。香港在貧富懸殊這問題上，仍在各國中位列前茅。

「金磚四國」之巴西、俄羅斯、印度、中國（B.R.I.C.）在金融海嘯後成為新興的經濟力量；反而是美元及歐元出現前所未見的危機，日本經濟仍未見起色，全球經濟復甦的過程中，各國都期待着中國擔綱更重要的角色，香港成為金融中心的位置，更是舉足輕重。

身居香港，背靠中國，面向世界，新一代如何在巨變的年代中創路？這是一個值得深思的課題。

工作生涯新挑戰

眼見本港青少年失業數字持續高企，我也曾經思索年輕人就業的問題，願意把觀察所得與讀者分享。

要求高　終身裝備

「一技傍身，終身無憂」的年代已經過去。本港向着知識型經濟邁步，工業大部分北移，約 90% 的就業人口投入服務性行業。今天要當導遊、美容師、廚師，或辦公室行政助理，要求都與往日不同。兩文三語、專業技術、人際關係、隊工合作等等範疇，均要達到一定的水平。

本港與國內經濟結合，不能單靠勞動力；本地要維持與國際接軌，也要僱員維持一定的知識與文化水平。目下，沿用多年的九年基本教育政策已經過時，為迎向知識型經濟的社會，政府已推展十二年的基礎教育。

本港大學目前只能吸納 18% 的適齡學生，但是我看大學倒不是惟一培育人才的地方。近年，中學也在傳統的學制以外，提供多元化的課程選擇，「通識教育」原意是提高學生的綜合及批判思考能力，並且正視價值教育的重要性，不過目前仍在摸索階段，成熟需時。

不過，知識型的經濟需要建基於知識型人口，十二年免費教育是向前踏出一步，香港政府在推動新高中制度時，卻未敢大力推動另類高中，過分強調文法中學的發展，忽視了青少年的多元智能。其實學生在傳統中學以外，可選擇入讀另類高中。在基本文法教育以外，他們還可按自己的興趣、能力、性向，接受音樂、體育、藝術，其他智能或技能的重點訓練。這些培訓更適合青少年多元化的發展。

職業訓練局屬下的院校也朝着多元化的方向重整——職業技能的培訓、嘗試與未來的就業市場接軌，並且與國內的教育和勞工部門取得默契，培訓的資歷兩地互相認可，以配合經濟結合的大趨勢。此外，僱員再培訓局也將十五至二十歲的青少年納入培訓範疇，包括「青年培育計劃」、「現代學徒」、「啟動人生」等訓練計劃，幫助他們訂定未來職業方向。社會服務機構在提供「軟技巧」、「生命教育」、「成長嚮導」、「公民教育」、「國民教育」等領域將扮演更重要的角色。香港除了職業技能培訓須要更新，還要加強青少年文化素質、心理素質的培育，才能全面地裝備新一代的人才。

喜見本港不斷推行另類途徑的培訓：勞工處推動的「展翅計劃」、「青少年見習就業計劃」都見到初步的成果。香港公開大學，多間大學的副學士課程、延伸課程，政府的「持續進修基金」、「毅進計劃」，以及多個私人職業培訓機構，都為新一代提供了不少另類的進修渠道。不過這些課程認受性仍偏低，2010 年底有調查指出副學士推行十年來，其失業率較初中學歷人士更低，有僱主組織甚至認為，副學士是設置給讀書不成的學生，社會似乎未能認同。很多副學士學生仍以進入大學為主要出路，這些課程反而成了不少同學的困惑。未來將有更多私立大學或專上學院出現，亦有不少課程設法與國內及海外的大學銜接，期望屆時有心進修的同學有更多出路。至於課程能否與本港、國內及海外就業接軌，將是香港教育的一個重要考驗。

不過，我更相信「社會大學」的功能。當下強調的「終身學習」，不是單靠課堂內的培訓，最重要的還是在職培育。但願各行業重新重視「師徒培育」的觀念，讓新一代的工作者，既可以在工作崗位上貢獻，也同時在專業、做人方面持續成長。

選擇多　勇於嘗新

本港單靠地產和金融來推動經濟的年代已經過去，這兩個行業也不可能吸納全港就業人口，需要靠賴其他行業，譬如物流業已成了香港經濟一個重要支柱。

近年本港銳意振興旅遊業。「自由行」政策自實施以來，南來的內地遊客帶動香港好些行業的興旺，如旅遊業、零售業、飲食業等。不過，香港的旅遊賣點，也不能單靠「吃、喝、玩、樂」作招徠，該考慮發展文化的建設、美化的設施，以供遊人觀賞，環境保護同樣是有待發展的項目。但願「西九龍」文化區發展期間的爭論，可促進香港人深思：本土的文化定位當放在哪裏？政府已批閱「文化委員會」的文化政策建議書，期望能早日付諸行動。

無疑，資訊科技催化經濟與就業結構的轉型：昔日的打字員、文書等職級今天不再存在，溝通、貿易、娛樂、管理、教育等功能都電子化、數碼化。雖然「資訊科技」的投資經歷過泡沫爆破，但是數碼年代將創造許多新興行業，需要新的人才。青少年屬於這個「e 世代」的新人類，一定能帶動這個城市迎接新的挑戰。

二十一世紀也是「生物工程世紀」(The Biotech Century)：人類的「基因圖譜」接近完成；試管嬰兒的誕生不再是新聞；而「複製人」的出現，終有一天也可能成為事實。無論你接受也好，不接受也好，基因改造的食物已遍佈市場；基因治療也將改寫醫療服務。非典型肺炎襲港期間，顯露了本港也有生物工程這門學問的專才。其實本港一向並不重視科研，在生物工程方面也沒有大力栽培人才，但我們實在不能低估生物工程為人類生活和醫療帶來的影響。若要與時代同步，本港一定要培養這方面的專才。

至於本地的文化前景：長期以來，香港被人視為「文化沙漠」，是嘲笑的對象；但是我們不用氣餒，只要珍惜五千年的中華文化，善用本地在英國管治下有一百五十多年歷史的「國際文化」，還有本地影藝界建立的普及文化，我們的電影、電視、流行音樂、廣播等行業，仍是大有可為的。近年香港在古典音樂、繪畫、話劇等領域，也發掘了一些人才，為本土的藝術文化增添不少色彩。本地出產的文化硬件，並不落後；但在軟件方面的配套，如人才培育，就仍須努力。香港具備發展「創意產業」的實力和裝備，政府也有意推動，只是在硬件、軟件及人才的配套上猶疑不決，遲遲不起步，讓有意朝這方面發展的青少年望穿秋水。

展望本地體育發展，也大有可為。我為香港有李麗珊、黃金寶、傅家俊等世界一流的體育人才，感到高興、光榮。香港的運動員更在 2009 年的東亞運動會及 2010 年的亞運會大放異彩，香港足球隊勇奪東亞運金牌，一直叫人津津樂道。我相信體育運動一定會廣受各年齡階層的重視，本港將會培育更多體育名將。因此，體育和文化事業絕對有潛質成為香港的新動力。政府倘若加點力，不是只希望香港成為一個「經濟城市」，而是有香港特色的文化都會，並且有計劃地創造「體育文化」，香港這城市將增添色彩，香港人也會更健康，生活質素也有望提升。

綜觀各種因素，青少年最難通過的一關，可能是父母的期望。但願為人父母的，都讓子女按自己的興趣與潛能選擇前路；讓年輕人在當代芸芸新生行業中擇業時，雖然沒有前輩的經驗可循，卻也沒有後顧之憂——可以勇於嘗新，大膽闖出新天地。當然，這些勇敢的創路人仍需政府和工商界的鼓勵與支援。

定位變　調遠視野

中國總理溫家寶向美國的年輕人發出呼籲：把目光投向中國；他又鼓勵中國新一代，把目光投向美國、投向世界。

二十一世紀其中一個特色，是人口的流動。美國的人口一向流動頻繁，在本土遷徙是平常事。至於歐洲的年輕人，今天可以選擇在歐盟任何一個國家居住就業。印度人不斷往國外謀發展；日本、韓國的新一代也遍佈全球；連一向不鼓勵人口遷移的中國，也改變政策。鄉村的農民急速地遷入城市，據預測，到了 2015 年，國內一半人口會聚居城市，其間國內的人民也不斷往外國升學、移居、就業。今天遍佈海外的華人有五千萬，躋身不同的行業，取得可觀的成就。

香港未來一代的就業市場，不應只集中在本地：除了北望神州之外，還要放眼世界。我曾經向一位在上海創業的總裁諮詢：與別人相比，香港人是不是仍有優勝的地方？他回答説：優勝在頭腦比較靈活，但還要保持兩個重要的素質 —— 國際視野與誠信。

香港不該把一切寄望單放在與珠三角的結合，年輕一代仍然要努力立足世界，保持與國際接軌的能力。此外，還要加上專業與文化的裝備，這樣踏足國內，才會有一定的貢獻。

把視野調遠一點，海闊天空，不愁沒有出路。

合約短　堅持理想

合約僱員是這一代的新產物。長久以來，日本人引以為傲，「一生 Toyota-man」的就業模式，已不復再。

短期合約顯示僱主對僱員一方缺乏長期培育、長期僱用、長期照顧的承擔，公司只以當前的盈利為最高目標。反過來説，僱員也缺少了長期委身，以公司的榮辱為一己使命這種擔當精神。這樣一來，公司運作和產品的素質都容易發生變化。事實上，產品的耐用期正日漸縮短，而公司也不易保持聲譽，守住居前的位置。

這種短期謀利，爭取即時成功的文化，恐怕一下子不容易扭轉過來。叫人最擔心的，倒是這種文化會扼殺青少年的夢想和理想。

堅持理想，把夢想化作現實，是需要時間的。裝備需要時間；實踐須要嘗試，而嘗試總會遇上挫折。沒有堅持的心，難以實現心中的夢想。

香港原是一個鼓勵人做夢的城市。如果一個城市失去夢，就失去活力；一個人失去夢，就等於失去青春。因此，只要心中仍然有夢，願意堅持理想，哪怕合約短，仍然可以走出一條路來！

挫折頻　操練信心

本港在「一國兩制、港人治港」的旗幟下進行社會重建，但不能期望所有問題都可在短期內得到解決。經濟轉型、教育改革、政制開放，與國內經濟結合，維持國際視野，以至重建城市文化……都不是一蹴即就的。雖然本港一向以經濟城市定位，偏重栽培商界才俊，卻從未刻意去提拔管治的人才。因此在學習管治的過程中，往往要付上沉重的代價。

變動中難免震盪，挫折也屬無可避免。本土長大的孩子，一生可能遭遇多重的挫折：他一生下來，在幼兒時期，可能交由菲傭或幼兒中心託管。到適齡上學，諸多競爭，也不一定可以「擠」進一所校譽良好的小學。升讀中學這關除了成績好，還要加上運氣。中三之後，已經有一部分學生給淘汰出局；以往中五會考成功的機會只得一半；最後只有 18% 的人可以跨進大學的門檻。要到社會謀生嘛，拿着中學，甚或大學畢業的文憑也不一定可以找到工作。再説，在整個成長的途程，一路上得到家長或老師的鼓勵恐怕亦有限，連同學、朋友間，也有不少是競爭對手。還有，當整個城市不斷變動、震盪，遇上的挫折肯定相當頻密、磨人。

可是話説回來，香港卻是一個「打不死」的城市。港人的抗逆力、反彈力也是驚人的。這個城市的重建不單靠一小撮人的努力。非典型肺炎襲港的日子，給我不少啟迪：建制內無疑透出不少漏洞，但是前線醫護人員前仆後繼的精神，以及民間凝聚互助的力量，都幫我們撐下去，挺過最艱難的日子。那段日子，我也當起義工來，支援前線醫護人員和病患者的親屬。我目睹港人最美麗的一面 —— 有專業、捨己為人的精神，也能守望相助。

《聖經》裏有一節經文很能激勵我，那就是 ——「不要怕，只要信！」（〈馬可福音〉5：36）—— 這個「信」不單是自信，也是對創造主的信心。另一節是「愛裏沒有懼怕！」（〈約翰一書〉4：18）—— 這份愛不單指人際間的互愛，也是上帝對人的眷愛。

恐懼叫人退縮，信心卻使人在逆境中振翅上騰！

人生的路上總有挫折，不要讓挫折造成內裏的怯懦與恐懼。恐懼叫人退縮，信心卻使人在逆境中振翅上騰！

遠眺未來

回歸十多年，中國出現許多變化，世界局勢也急速幻變，這一章從一個宏觀的角度來看未來的就業處境。在這大環境下，冀望以下幾個問題，能幫助你整理一下思緒，往後閱讀個人尋路、創路的文字，就更易理出頭緒。

1 這是一個終身學習的年代，你有什麼渠道來裝備自己？請寫下具體的方式來。

2 早年選科不是文科便是理科；擇業不是「白領」便是「藍領」。今天如要擇業，就有眾多就業的可能性了，你可知自己的選擇取向？

(i) 我最強的項目：

(ii) 我最有興趣的項目：

(iii) 我夢寐以求的項目：

(iv) 我願意嘗試的項目：

3 在「地球村」的年代，全球人口往返遷移，你可考慮過付笈海外或到國內找尋升學、就業的機會？

請按你喜愛的程度，順序寫下願意考慮的地方，為何你想到這些地方升學或就業呢？

	升學的地方	就業的地方	原因
(i)			
(ii)			
(iii)			

4 敢做夢，才會有理想；有理想，才有心力堅持。請放下向現實低頭的包袱，大膽寫下心中幾個理想的職業，是你認為值得付出代價一試的。

(i)

(ii)

(iii)

(iv)

5 成長路上，人人都會遭遇挫折。挫折既會孕育恐懼，也可操練信心。你曾遇上什麼挫折？可以寫下來嗎？為什麼你會感到畏懼？你從中學習到什麼信心的功課。

	挫折事例	畏懼的體驗	信心的功課
(i)			
(ii)			
(iii)			

延伸閱讀

1. 如何面對新處境？可參蔡元雲：《改變，由我開始》。
2. 要在巨變中理出頭緒，這書可以供給一點參考，李錦洪：《迎向未來的 10 堂課》。

編輯你的地圖

設定目標，就有路走

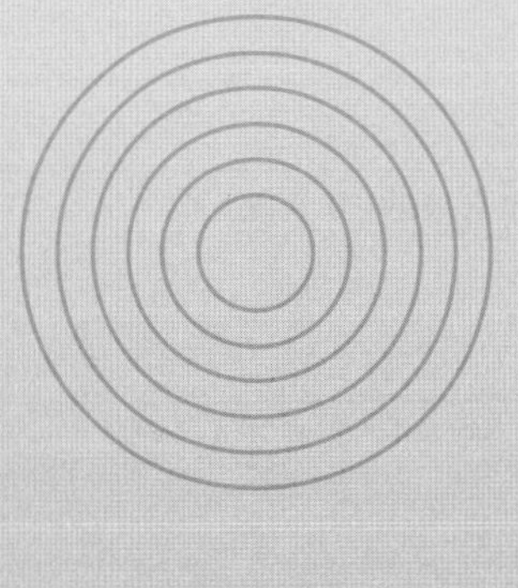

人生目標聽起來很嚴肅，但其實非常切身，是一個人人都不能逃避的課題。

切忌目標與價值模糊

2008 年金融海嘯後，不少青年人確是顯得迷惘、目標模糊。投資銀行風光不再，政府呼籲的「六大產業」未見具體方案，前路欠明朗。有些青年人確是有志投身創意及文化產業，或是體育事業，社會上的人力資源需求卻是錯配，陷於「結構性失業」的苦況。十五至二十四歲青年的失業率長期高企在雙位數字。

在經濟困局中，僱主將薪酬下調，並且要求入職者必須有工作經驗，新一代畢業生求職難度更高。政府推出的見習計劃有一定成效，讓初入社會的青少年積累一些實際的工作經驗。倘若得到好的師傅指引，更可能尋找到一條可行之路。

北上就業，雖然起薪點低，而且工作環境的配套尚欠完善：住宿、醫療、文娛活動等也許仍欠理想。然而，倘若長線裝備自己，很可能在工業界闖出一條路：香港在玩具業、製衣業、眼鏡業、珠寶設計業等領域都在世界上佔重要的位置。商界更是十分看重有國內工作經驗的人才，香港的經濟和就業與國內結連是大勢所趨。只是不少青少年對於北上就業仍是卻步。有些機構建議青年人自僱或創業，但是自僱的工作欠穩定性，創業的成功率極低。

香港青少年前瞻就業前景，不單要北望神州，更要放眼世界。在語文、文化及專業上都需要進深一步的裝備；與其急步闖進社會，急於找一份工作，賺取金錢；更重要的是看清楚自己的長處及興趣，釐訂更清晰的進修目標，切實地裝備自己，投身一份適合自己，有發展前景的職位，穩步前行，並且享受貢獻社會所帶來的喜悅。

尋找生命意義

傳媒經常報道，有些青年人急於要置業、「上車」、賺取「第一桶金」，三、四十歲前退休等，有急功近利的觀念。這些青年人難免會焦急、不擇手段，並容易引致挫敗感。金融海嘯前，香港不少成績優異的學生蜂擁到金融界，投身投資銀行，每週工作時間甚至超越一百小時，月薪連花紅收入驚人，工餘的揮霍叫人難以想像；卻是難掩內心的空洞、身體的疲憊及情緒的波動。

令人欣喜的，是「突破機構」在 2008-09 年度的電話訪問中，受訪的十五至二十歲青年，有八成認為工作除了賺錢，他們更關心工作在社會發展中的前景。顯示他們並非單看眼前的利益。

「人生目標」聽起來很嚴肅，但其實非常切身，是一個人人都不能逃避的課題。處身巨變的年代，未來實在有太多不確定的因素，叫人容易感到徬徨、無助。因此設定人生目標，實是至關重要。

首先讓我對人生目標稍作界說。談到人生目標，不得不回答幾個重要的問題：

- **我是誰？**
- **我有什麼天賦才能，有什麼用處？**
- **活着，究竟為了誰？活着，為了什麼？**

確定了人生目標，就決定了一個人在日常生活中如何分配自己的時間、金錢和精力，該努力爭取什麼，多與什麼人接近等。

有人為了一個居住單位勞碌半生；有人畢生努力償還他欠父母的「情債」；有人大半生做「豪宅夢」，希望有天當上「超級巨星」，踏上「星光大道」；有人全年流汗似乎就是為了那「歐洲 X 天超值豪華抵玩團」、「日本 X 天消遙好玩開心遊」；有人渾渾噩噩度日，活着似乎只為了支持「香港賽馬會」；有人將一生獻給配偶和子女；有人選擇為學生燃燒自己；也有人決定一生為他所信仰的上帝而活……原來每個人，無論自覺不自覺，都選擇了某種人生目標與路向。由此可見，人生目標並不是什麼抽象的概念，而是很具體、實在的生活方向。

有目標，就有路走

「要有人生目標，否則精力全屬浪費。」

—— 彼得斯

「知道為什麼而活的人，能夠在任何情況下生活。」

——尼采

人生目標不明確，一生走的路可能迂迴曲折，也會多走了冤枉路，浪費不少精力。

掌握了清晰的人生目標，不單使人日子過得更有意義、更有方向感，也叫人有更大勇氣和力量來面對困境。

著名的心理學與精神科專家法朗高博士（Viktor E. Frankl）在第二次世界大戰期間，曾經在德國納粹集中營渡過三年恐怖、非人的戰俘生涯。他發現當年能夠在極度困境中掙扎求存的囚犯，都有一個共通點，就是抓着具體的目標硬挺下去——有人要奮力完成一部著作；有人竭力苦撐以求與親人重聚；也有人覺得每天該為自己所信的上帝而活……環境愈惡劣，愈加需要明確的人生目標，作為支持鬥志的力量。

我們活在香港，也有另一幅圖畫。

過去我們曾經有經濟飛騰的日子；九七回歸也經歷了考驗，接着是金融風暴的打擊。非典型肺炎肆虐期間，百業蕭條，失業率急升，青年就業更陷於低谷。中國開放了自由行後，香港經濟開始稍微復甦，近年又遇上國際性的金融海嘯。港人的心情也像乘坐過山車一般，或懸空，或急墜。

但叫我驚訝的是，許多人雖處於深淵，或失業，或患上急病，他們卻有動力在這空檔或康復期間，省思生命，重訂人生目標，好再上路。

我深信即使人生路上暫時風平浪靜，花點時間釐訂清晰的人生目標，只會叫你的生活更充實、更有意義；而且一旦面對風暴，也不致驟然手足無措，完全失去方向。

人生不容多等

理性上我們都知道人生短暫，眨眼間便走到人生的終站；只是在日常生活裏，卻多半覺得人生的路很漫長，有種走不完的感覺。於是我們不斷告訴自己，前面的日子還多、還長呢！也許是這個緣故，我發現有不少人都是快到人生最後的日子，才猛然醒覺，停下來，回顧反省自己的人生目標。

我在醫院工作時，遇上一個六十多歲的病人。他在病牀上的一番話，教我多年來也不能忘懷。他一臉悔恨，說：「幾十年來，我每週工作七天，不斷勞碌，原來從來就沒有好好地活過！」他是一家工廠的東主，多年苦苦經營，也算略有成績，掙出頭來。當時他入院檢查，驚悉自己患上大腸癌。有一天，我和主診的外科醫生一起巡房，來到他的病房。這位老人家竟然垂淚跪在牀上，向醫生哀求：「請盡辦法救我，最低限度讓我好好地活兩三年！」我不能忘記當日那情景，既戲劇性，卻又是千真萬確，同時也充滿傷感遺憾。

這叫我頓悟，昔日一位詩人為什麼這樣向上帝祈禱：

「我們一生的年日是七十歲，
若是強壯可到八十歲；
但其中所矜誇的不過是勞苦愁煩，
轉眼成空，我們便如飛而去。……
求你指教我們怎樣數算自己的日子，
好叫我們得着智慧的心。」

〈詩篇〉90：10、12

有一位身兼哲學博士和醫生職分的穆迪（Dr Raymond Moody），對生命和死亡這課題特別感興趣。他在一項研究中，搜集了一百五十宗個案，都是一些走到死亡邊緣的病人的經歷；其中有些更經歷過「死亡」—— 心臟停止跳動後被救回。這些病人在瀕死或進入死亡的時刻，都有一些特殊的經歷。穆迪醫生把這些經歷整理，歸成十五類，發表成書，就是他的著作 *Life after Life*。在反省自己人生的過程中，這些病人的經歷對我頗起啟迪的作用。

「體外經歷」（out-of-body experience）是常見的「死亡」經歷之一。病人發現自己在心臟停頓後仍有知覺，甚至覺得好像還在「體外」觀察自己的情況。有人感歎自己的身子病後，原來瘦了這麼多，樣子也變得很難看。有人仔細地觀察醫生與護士為自己進行搶救，如人工呼吸、心臟按摩等。事後與在場的救護人員印證，能證明他們的觀察無誤。也有人想阻止醫生搶救，呼喊說：「我沒有問題，不要打擾我！」但卻無法溝通，覺得自己不單身處軀體以外，更是置身另一個世界、另一個境域。

另一個常見的經歷是「幽暗的隧道」（dark tunnel）。病人覺得自己好像經過一條又黑又長的隧道；在隧道的另一端，他們碰見一個「光體」（Being of light）。對方用關懷、親切的口吻發問：「你預備好了嗎？」

還有人形容另一種經歷，就是一生的重要事蹟，無論悲喜得失，都好像電影般一幕一幕重現眼前，好像在重新評估自己的一生，挑起不少興奮、憂傷、內疚和眼淚。

當事人對上述經歷，都有不同的解釋和反應；但是穆迪醫生發覺他們自此對人生的態度，比前更為積極，裏頭好像有個信念：「今生之後仍有生命！」還有，他們對生命更尊重，對人生的目標也更看重，好像要好好預備自己，以致在重遇那光體時，可以說：「我預備好了！」

穆迪醫生搜集的個案，未能算是什麼嚴謹深入的科學研究，我也不敢對他著作縷述的個案妄下評論，或印證什麼。但是身為基督徒，我從上帝的話裏明白祂的國度有永恆、有永生 —— 我也是如此深信。《聖經》告訴我死亡不是生命的結局，在永恆裏我仍要向創造天地萬物的上帝有所交代。因此，我更不願意等到生命最後一程才回顧省視，我要在今天便確定人生的目標和方向。

有一位經歷過人生滄桑和成敗悲歡的智者，這樣勸勉剛邁進人生的少年人：

「少年人哪，你在幼年時當快樂。在幼年的日子，使你的心歡暢，行你心所願行的，看你眼所愛看的；卻要知道，為這一切的事，上帝必審問你。……

你趁着年幼、衰敗的日子尚未來到，就是你所說，我毫無喜樂的那些年日未曾臨近之先，當記念造你的主。」

〈傳道書〉11：9；12：1

當年列根七十三歲當選美國總統；南非的曼德拉當選總統時也屆七十五歲高齡。無疑人生七十仍可以有新的開始，但一般來説，這些例子不算太多。步入七十高齡，仍然投入生命，那份熱情、那股勇氣，誠然教我欣賞；但更多人生的實況、實例提醒我，有目標、有意義的人生，當從今天開始。

你當佢係寶？

在讀下一章之前，請花一點時間思考一下這些問題，作一點反省。

1 人人心中珍惜的人、事、物都不同，寫下你人生中最寶貝的五個項目(可以包括當下你擁有的財產、物業，珍惜的關係，個人健康，學業或事業成就等)。

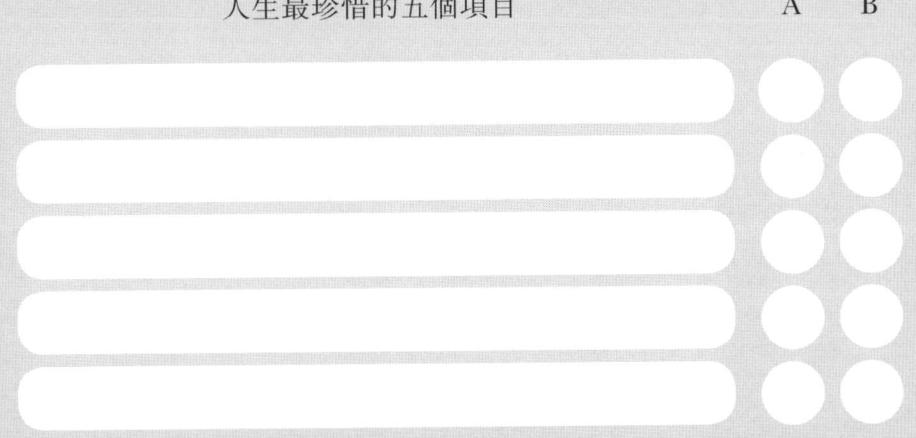

2 請仔細思想上列五個項目對你個人的重要程度，再把這些項目按優先次序排列起來：首要為（1），其次為（2），如此類推。請把代表優先次序的數字，填寫在上項A欄的空位內。

3 (i) 人生好景不常，有時為環境所逼，我們要放棄一些東西，哪怕是珍惜的人、物或理想。倘若環境迫使你一定要在上列五個最珍惜的項目中，放棄一項，你會先放棄哪一項？請在該項目右方B欄的空位內寫上（x1）。

(ii) 環境持續惡劣，一定要你在餘下的四項中再放棄一項。你會選擇哪一項？請在該項目右方 B 欄的空位內填上（x2）。
(真正要你放棄這項目時，你的心情可以想像得來嗎？)

(iii) 在五個珍惜的項目中能夠擁有三項，已經很難得。但是人生路途坎坷，仍要你在三項中再失去一項，你會選擇哪一項？請在該項目寫上（x3）。

我也曾面對過類似的抉擇難題。早年有一段日子，我上午在醫院當值，下午到「突破」上班，參與出版和輔導。我十分喜歡醫療工作，因為既有挑戰性，又能助人；但同時，我心中也喜愛服務青少年，十分投入、十分滿足。然而，我自知無法長期雙線並行，那只會叫身心耗盡。既然不能同時發展兩個不同的專業，我就無法不作出一個人生重要的抉擇。

(iv) 倘若類似的抉擇臨到你身上，在你餘下的兩個項目中，要被迫再放棄其中一項。你會選擇哪一項？請在該項目填上（x4）。
(面對這難作取捨的抉擇，你內心的感受如何？)

你可知道，人生目標與個人珍惜的人物或理想有着密切的關係。目標的醞釀、成形，都與這些人物、理想相繫。這趟檢視，讓你了解是什麼因素，在有形或無形中支配着你的人生目標。

或許有人會發覺自己珍惜的人和物都多得很，五個項目實在容不下。這其實是個好現象，可能顯示你熱愛、投入生命。

假如你搜索枯腸也填不滿五個項目，這可能表示你不輕易對人投放感情，對人生也較為消極；也有可能是當下還未着手，具體地編織自己的理想。

你到最後仍未放棄的那項，相信該是你最珍惜的。這個項目是不是在 A 欄佔最優先的次序？要是不然，很可能只是你理性地認為這項目最重要。

排列優先次序，人通常會用理性思考，按項目的重要性來編排。然而當人被迫要選擇，作某些放棄，那就不單是理性的抉擇，而會牽涉到情感的因素了。理性和情感並不一定協調，到了生死關頭，情感因素可能促使人放棄好些理性上認為挺重要的項目。這時你仍然緊抓不放的，可能最足以代表你當下人生的重點：既代表你真情所在，也反映了你人生的動力。

延伸閱讀

每個人都有自己的夢想，他們的故事或能觸動你尋夢的決心——

1. 李穎詩、俞越：《摘金背後——十個運動員的成長故事》。
2. 麥樹堅：《愛在溫柔流動——嘉榆老師的生命教育》。

聲音導航

父母的聲音

父母的期望有為你造成壓力嗎？

聽，翅膀拍動

Gloria Tang / 本地獨立音樂人及音樂導師

父親常說在香港只有從事金融或商業的工作，才有財富有前途！大學時我唸商科，畢業後在一所機器工程公司做了七年行政工作。我一直都有聽從父親的話，不過我沒有忘記自己的興趣 —— 音樂。我放工後便去作曲或當和音。七年工作給我穩定的收入和儲備，然後我便發展自己的音樂事業。現在有自己的音樂基金，每年都籌辦音樂會，聽眾可以隨意付款，還開辦免費樂器班教青年人。

圖文轉載自 *Breakazine！005*《筍工之神話》

身邊有許多不同的「聲音」，可以左右你的生活，締造與人迥然有別的人生目標和方向。

有沒有想過，是什麼因素影響你的人生觀？今天你對人生的看法，是如何塑成的？

「你當佢係寶？」這習作，或多或少顯露了你對人生的看法。不過，即使我知道你的答案，也揣測不來是什麼因素形塑你的人生觀，因為各種先天後天的因素縱橫交錯，例如父母的背景、職業，對你的期望，也可以影響你的人生目標。就是在成長的日子遇上的老師、重要人物，他們的言行，給你的教導，都可以起相同的作用。凡此種種，都需要進一步仔細探究。

在這部分，我倒想用從四方八面而來的聲音，來探討它們如何影響你的人生。人一生中都會聽到許多不同的「聲音」，有些從外面來，有些發自內心。這些聲音有強有弱，可以左右你的生活。至於每個人對這些聲音的反應，就不盡相同。不同的反應，會締造與人迥然有別的人生目標和方向。

現在讓我們安靜下來，進入這個充斥着「聲音」的世界，先探索一下聲音的來源，再看看它們傳達了什麼信息。整理之後，好重新決定該對這些聲音作什麼反應。

父母期望的壓力

從呱呱墮地那一刻開始，作兒女的，便聽到父母親的聲音，那也是我們最早聽到的「聲音」。心理學家強調，父母對子女的影響可以非常深遠。我覺得他們的説法，並不誇張。有些心理學家甚至相信，人的性格約有七成，在五歲以前大致確定；個人的語言、情緒控制、人際溝通等能力，以至安全感、自尊感、信任感，都在零至三歲那幾年間，奠下一定的基礎。在孩子的幼兒期，父母當然是最具影響力的人物；即使在二十一世紀的今天，華人社會對傳統的孝道，已有不同的演繹，但是在本港青少年的心目中，父親和母親依然是他們生命中最重要的人物。

因此，我們絕不能低估華人社會中，父母的期望對子女造成的壓力。父母經常掛在嘴邊的話（也是他們心中的標準）：「惟有讀書高」、「要出人頭地」、「工字不出頭」、「望子成龍」、「經濟收入是重要的成功指標」、「儘量逃避政治」等等，都在有形無形中，左右子女的抉擇。

還債型實例

我認識一個青年人，在大學唸法律系，成績超卓，外表英俊，是同學們羨慕的對象。可是他內心卻對自己諸多不滿，情緒常常顯得焦灼憂慮。為什麼呢？原來是父母的期望構成了壓力。這個年輕人中學會考取得五優三良。當他滿懷高興向父親報告成績時，父親卻責問他：「為什麼中文和歷史得不到優異？這個成績與校內試相比，明顯退步！」考獲五優三良的會考生，竟會有挫敗感，實在叫人難以置信；但這卻是事實。

在大學選讀法律系，也不是出於這個青年的意願。他的父母認為唸英國文學沒有出息，將來沒有出路；不想拂逆父母心意的他，終於「聽話」，選了法律系。他父親還是不大滿意，認為唸醫科更有前途，因為香港正面臨政治轉變，在法律界做事，難免給捲進法例的解釋、政制改革等政治漩渦。這年頭唸法律好像有點冒險，前路並不安穩。

這個才能出眾的年輕人，本是許多人羨慕的對象，卻竟然活在內疚和自責的幽谷裏。他反復重申父母是何等愛他，但是他也坦言自覺不能令父母滿意。他覺得欠了父母，是一筆永遠償還不了的債。因此他強迫自己更努力、更聽話……於是他就更抑鬱。

有一次，有一個正在大學唸工商管理的女生與我談話。在傾談間，她表白自己並不喜歡當下選修的科目，而她卻剛從計算機科學系轉來商學院。我有點奇怪，追問她轉系的原因。原來去年她選讀計算機科學，考試屢次不及格，日子痛苦異常，才決定轉系。

她的父母一直主宰了她的抉擇。他們認為計算機科學系的出路最有保障。唸不來電腦，就轉修工商管理吧，因為工商管理也有前途。雙親一再為她決定前路。

我問這個年逾二十的青年人：「倘若由你自己選擇，你會選哪一個科目？」她毫不猶豫，回答說：「音樂！」不過，父母忠告她：「唸音樂，將來就業沒有保障。」這年輕人到底有沒有忠於自己的心願，轉修音樂，我就不得而知了；可能她還在償還她的父母債！

有人形容當父母的有「一生兒女債」；上述兩個青年人卻背負了「半生父母債」。

父母的情債子女一定要償還，也當盡力回報他們的恩、他們的愛。因此，釐訂人生目標和路向時，我們該顧念父母的期望。不過，要是純粹為滿足父母的期望而忽略其他因素，卻不是成熟的表現。我相信沒有父母會要求子女為了聽話而一生憂悶抑鬱。

無聲勝有聲

父母與子女的關係愈是親密，他們的聲音對下一代的影響愈大——包括正面或負面的影響。今天在香港，確實有些父母因為生計或其他原因，常不在家，而且兩代之間很少溝通，兩代關係疏離，這些子女對父母會有反抗或反叛心態，較容易走上一條放棄自己的路，亦不會將父母的期望放在心內。

父母的「聲音」也不單是他們說什麼，更大的影響是他們的行事為人，不知不覺間成為子女的學效對象。

我這幾年心中有一種意外的喜悅，我兩個兒子正在實踐他們的夢想：投身青少年工作——父子同夢同行，說不出的欣悅！

我從來沒有對他們表達過我期望他們選什麼學科、選什麼職業；只是他們從孩童的日子開始，經常和我一同參加青少年活動及營會，亦一定感受到我全人投入的興奮。

我的小兒子在大學選科時曾徵詢我的竟見；我只是對他說：聽聽你內心的聲音吧！他過了幾星期再找我，說：「我聽不見！」我控制着自己內裏想指導他的衝動；回應說：「好好祈禱吧！」

我不想將自己的夢想投射到兩個兒子身上；他們要尋自己的夢，走自己的路。

父母們，不要輕看你們的「聲音」對子女深遠的影響；青少年，要尊重父母的「聲音」，卻不要讓這些聲音成為你們尋夢惟一的指引。

如何面對別人期望？

1 你知道父母對你的期望嗎？請把這些期望寫下來：

(i)

(ii)

(iii)

(iv)

(v)

這真是父母對你的期望嗎？最好直接與雙親對話，或間接打聽父母的心意，看看上面所寫的，是不是他們真正的期望，抑或只是你的忖測。

2 你對這些期望的感受如何？

3 如果要達成雙親的期望，你想你可會輕省、愉快上路？他們有哪些期望，你自覺難以達到？你有勇氣跟父母細談嗎？

4 請嘗試寫封短信給父母，一方面表達你對他們的尊敬，另一方面也向他們表白為什麼未能完全滿足他們的期望，以及自己內心的掙扎，讓雙親明白你心底的願望。至於你如何達成夢想的計劃和步驟，也請與他們分享，俾取得他們的接納和諒解。

5 你也可以試試撰寫自傳，檢視父母給你生命中的影響與榜樣，描述個人的抱負與夢想。完成後，可以送給父母閱讀，讓彼此了解同行。
(詳參鄧淑英、黃嘉儀等著：《玩創未來》頁 70-71「我的自傳」。)

延伸閱讀

面對父母期望與個人理想的拉扯，作者個人經歷分享 ——

1. 蔡元雲：《從未遇上的父親》。
2. 蔡元雲：《與恩師的 10 堂課 —— 我的路》〈謝〉。

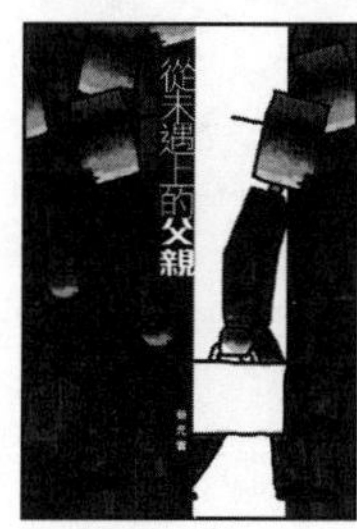

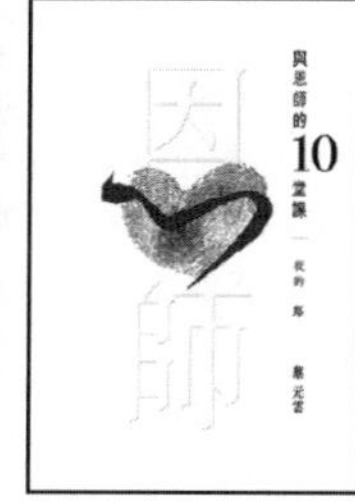

社會的聲音

我被社會的價值觀支配了嗎？

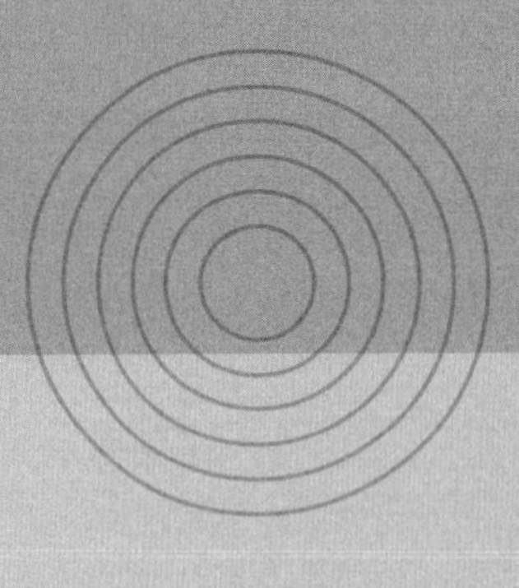

聽，翅膀拍動

譚偉傑 / 環保公司老闆

現在許多人都計劃四十五歲前就退休，我無法接受這種想法，退下來？要做什麼？年前名人霍英東及沈殿霞的死亡，給我反思：究竟他們對社會有什麼貢獻，以致死時那麼多人懷念呢？我希望自己得到社會認同，令世界變好一點，不枉此生。起初我是因為不想打工，又認為環保事業可以賺錢，便辭去了環保工程師的工作，開設了回收站，創一番事業；後來開至兩間，更與社福機構合作，原來可以幫助有需要的老人家。我現在最希望的，是這個環保事業得到的不只是金錢回報，還有社會認同與滿足感。

圖文轉載自 *Breakazine！005*《筍工之神話》

外來的聲音，也有來自社會、朋輩，給人的威脅、壓力，不容少覷。

一生還債的人，內心常有一種虧欠感，當然不好受；不過，還有更不開心的人，就是那些讓社會的價值觀支配着自己的人。他們的一生如同追債，停不下來。

這些人表面看來很有幹勁，總是努力地追趕某個目標，但是內心卻經常極度煩躁，好像這個世界欠他們一點什麼，永遠不能叫他們感到滿足。

追債型寫照

我曾經接觸過不少這類人。其中有一個二十歲的女子，她跟我談起她的身世，給我留下深刻的印象。

這女孩在一間規模不大的出入口公司當文員，工作相當努力，晚上又到夜校唸英文，可謂自強不息。但是她內心積壓不少惱怒、埋怨和不甘的情緒。

她覺得自己長得不漂亮（其實她雖然不算貌美，卻是五官端正）；她不滿居住環境極差（其實她的同學也大多住在公共屋邨）；她又嫌父母沒有學識，外表老套（她父母教育水平確是不高，爸爸是計程車司機，媽媽是鐘點女傭，但兩人已努力為家庭付出）；她自小更覺得父母欠她許多，沒有給她這樣那樣⋯⋯總之，這個女孩極度不滿自己的家庭狀況。

她小學成績不錯，但總是覺得老師偏心，以致她從來沒有機會拿到什麼獎。升上中學她更不開心，因為派不上名校，覺得自己入讀一間不知名的中學很委屈、很吃虧。求學的心情欠佳，成績也不很理想。往後，她甚至覺得連同學也好像不把她放在眼內，情緒更變得鬱鬱不歡。

到了中四那一年，父親因病暫停工作，家裏一切開銷都由母親獨力支撐。三個弟妹仍然年幼，身為長女，只好停學就業，幫補家計。她打從心底埋怨：這個世界太不公平了！好像連上天也在作弄她。她到快餐店當侍應生，收入全挪作家用。打工一年多，家裏總算渡過了難關，但她的學業卻耽擱下來。

在快餐店上班，叫她千萬個不稱心、不甘心。她覺得人人都瞧不起自己，常常要看老闆、顧客的臉色行事；而且「工字不出頭」，沒有前途、沒有出息。於是她報讀夜校，決心要唸完中學，拿到文憑，再由藍領轉為白領。她要努力擺脱這種給人看不起的感覺。

最後她考取了會考證書，打進了白領的世界，卻又發現自己原來是公司裏最低級的文員，收入還比不上從前。這時，她又覺得自己的工作能力得不到上司的賞識，得不到重用。於是她再進修英文，再修讀祕書課程，要再趕、再追⋯⋯她實在感到家人、同事、上司、這世界，連上天在內，社會上充斥的聲音，沒有人能夠充耳不聞，但要是讓這些聲音支配，就會不自覺地一生追趕。

都欠她太多了！

社會標準的壓力

今天的社會，強調終身學習、自我增值，背後的理念是要回應知識型社會的要求，不讓自己被淘汰。只是當我們懷着「追債」的心情過活，心中常被一種不甘、不受重視的感覺羈絆，便會失去自由。

我十分欣賞前述那個女孩子的鬥志、求進步的努力，以及為家庭所作的犧牲。只是那種追債的心情叫她沒有一天安寧，實在令人可惜。追溯原因，社會許多價值觀念實在帶給她不少無形的壓力：諸如身分高低，要看居住環境、父母的社會地位而定；名校可以增添個人的聲價；藍領比不上白領；成功與否視乎職級和薪級；外表不出眾就必然吃虧等等……

社會上充斥了這類聲音，沒有人能夠把自己封閉，以致充耳不聞。但要是我們讓這些聲音支配，就會不自覺地一生追趕，以追債的心態處事做人，永不滿足。

響亮的聲音

最近，我被邀請為「香港精神大使」的評審團：香港精神是這個都會市民的珍貴素質 —— 逆境中自強、變動中永不言棄、充滿創意、患難中守望相助、繁榮中堅守誠信。

身為評審團成員之一，我有機會細閱不少參選者的生命故事，這些平凡人在成長、學習及工作歷程中，竟然是如此堅忍，並且有獨立思考，在困境中闖路；其中不乏身體障礙、學習困難、家境貧乏的，但仍然充滿鬥志及創意，不單本身穩步前行，更在本港、國內，甚至海外貢獻自己的力量。與他們面談時，聽他們如何堅持並實踐理想。他們的坦誠態度、實而不華、捨己為人、熱愛香港的真情，及表達能力深深觸動我。

我作為青年工作者，特別欣賞幾位青年人：其一是在八仙嶺大火死裏逃生的張潤衡。他背負遍體創傷完成大學，今天一面進修，一面在各學校及青少年羣體中分享生命的珍貴及尊貴；胡麗芳是香港首批女消防隊目之一，在經歷家庭困境及學習挫折後，最終完成自己的夢想，並且不斷培育更多青少年逆境中奮進。高永賢是我們香港人的驕傲，以工程師身分，超越國界，到發展中國家進行重建地區及生命的工程，並且取得多項國際的學術及服務榮譽獎項。他們代表社會上發出另類聲音的青年人。

有人誤以為香港精神只屬於戰前及戰後第一代的特質；然而，我深信這精神確能夠薪火相傳，一直傳遞至今天的「八十後」、「九十後」以至「數碼新一代」。香港精神大使這個活動正好證實年輕的一代中，傳承了不少優良的生命素質；只不過我們被一些同時存在的社會問題掩蓋了大多數港人內裏潛在的光芒。

給另類聲音創造空間

近年來，全港都關注「八十後」和「九十後」發出的聲音，因為報章及傳媒都側重報道有關青少年負面的消息。政府建制中缺乏讓青少年發聲的平台，他們選擇走到街頭，用言語及行動表述他們對社會的期望及自己的心聲：保存文化遺產 —— 天星碼頭、皇后碼頭；珍惜自然空間及維護弱勢社羣 —— 菜園村及其中的農民；關注非物質的價值 —— 重估建高鐵的選址⋯⋯。有人質疑他們的表達手法過激，或是他們的意見尚欠成熟。然而，我們正是期望青少年表達對這城市的關懷及承擔。

我曾與這些青少年深入交談，事實上他們十分願意有情有理地對談，並且對他們爭取的項目以行動支援。其中一位青年不斷探望菜園村的居民，對那片土地及居民產生真情，今天他正預備進入大學，選修社會學，將來投身社會，服侍基層。

但願我們合力與青少年一同創造空間，讓新一代聽到另類的聲音，青少年的聲音有助我們建造一個不局限於關懷經濟的城市。「突破」的通識書誌《Breakazine!》雙月刊，每期都訪問一百位青少年，他們代表着這城市一些不容忽視的聲音。

分辨社會的聲音

1 請獨自安靜一下，反省你對自己的評價，有多少是受到社會標準的影響？

	自我評價	社會標準	如何造成影響
(i)			
(ii)			
(iii)			

2 你是否也在追逐某些指標，好讓自己覺得更成功？是什麼指標？

3 你的成功標準，有須要修訂的地方嗎？是什麼地方須作修訂？

4 社會上有沒有一些聲音，也能給你啟示與引導，助你創出自己的路？

延伸閱讀

有些人一生都在追趕社會定下的指標，心灰力疲，怎樣省察與擺脫——

1. 沈淑文：《完美有病》。
2. 梁永泰：《哪個孩子不出色》。

朋輩的聲音

如何正視朋輩的壓力？

聽，翅膀拍動

賴恩慈 / 藝術工作者

我享受藝術成為我的生活，現在教戲劇、排戲、做街頭劇、拍片，都是將藝術結合生活和工作。不過身邊朋友常說：「你學業成績好、人又有才華，怎會只賺這麼少錢？你將來生活怎辦？」不過，我知道自己在做什麼，我相信真心去做事，總會找到門徑。太多人生活在對明天恐懼中，我卻覺得「不要怕，只要信」，只要堅持。

圖文轉載自 *Breakazine！005*《筍工之神話》

與來自朋輩的壓力相比，社會的聲音比較遙遠一點，也較易受控。真能構成威脅和壓力的，卻是自己身邊的平輩，包括了兄弟姊妹、親友和同事。

可能母親會從小告訴你：容貌比不上妹妹；勤力比不上哥哥；聽話比不上隔壁的綺文。然後老師又告訴你，雖然人有點聰明，但是英文比不上美華；操行比不上靜儀；課外活動比全班都差。到了後來，卻是你告訴自己，比起四周的人，無論樣貌、成就、人際關係，都愧不如人。

輔導員通常很關心受助者的自我形象。自我形象就是一個人怎樣評估自己的身分和價值。我發現許多自我形象偏低的人，並非本身的條件不足，卻是那種不斷與人相比的心態在作怪。

比較型心態

奇怪的是，有一種人與人比較的時候，總是拿自己的短處，甚至缺陷，來跟他人的長處相比。於是，樣貌其實不差的女孩子會覺得自己是「醜小鴨」，因為她的妹妹是人見人讚的「白天鵝」；勤奮用功的學生卻不斷責怪自己拙口笨舌、不擅辭令，因為他的好友在任何社交場合都滔滔不絕，搶盡鏡頭；一個才二十一歲的女子已經為婚姻感到焦慮不安，因為幾個「死黨」都找到稱心的男朋友，其中一個還會在短期內結婚；才走出社會工作兩三年的男子會覺得自己「無出色」，因為幾個同事興高采烈地討漫無止境的比較，帶給人不必要的痛苦。

論買樓供款大計。忽然間，同事升職、老友移民、弟弟出國進修、表哥新居落成……統統都成了自己的威脅。

比較的心態相信很難完全避免，合宜的比較對自己也是一種求進步的策勵；只是漫無止境、事事比較，卻帶給人不必要的痛苦。如果想擺脱這種因比較而構成的心理威脅，我們該給自己這個肯定：就是人人都有獨特的長處，也有要接納的短處；而且人生各有不同的目標和方向。

無疑人該對自己有要求，卻不要要求過分，對自己太殘忍；求改進之前，先學習接納自己、肯定自己。

我看自己合乎中道嗎？

要與自己坦誠相對，問問自己：

1 我常跟誰比較？比較什麼？為什麼這樣作？

2 我經常拿自己的短處和他人的長處比較嗎？

3 我有哪些長處？

(i)

(ii)

(iii)

(iv)

(v)

4 我有哪些潛質？（潛質指你有興趣，而且表現也不壞，加以培育可以蛻變為長處的項目。）

(i)

(ii)

(iii)

(iv)

(v)

5 我可以對自己的長處，以及待發掘、栽培的潛質，抱肯定的態度嗎？

6 我可以接納自己某些先天或後天的限制嗎？

7 你身邊有些人走捷徑、賺「快錢」，好像成功來得十分輕易。他們這種作風，可有對你尋夢的心構成壓力？

延伸閱讀

我們總愛與周遭的人比較，如何走出比較的圈套？

1. 沈淑文：《無嫉而愛》。
2. 伍詠光：《卑情夠了》。

我的聲音
追求即時快感？

聽，翅膀拍動

米亞 / 舞蹈導師

我不喜歡讀書，亦不是讀書材料。「展翅計劃」畢業後，讀過公關課程、學過插花、當過時裝店售貨員、快餐店服務員……十八歲那年，我問自己，還要留在這間快餐店多久？到三十歲？到四十歲？我滿足於朝九晚六的刻板生活嗎？既然我喜歡跳舞，為何不趁年輕發展自己的興趣？難道要到四十歲才去跳嗎？於是我選擇了以跳舞為事業，從表演與教人跳舞得到滿足感，希望透過教小朋友和青年人跳舞，讓他們生活積極、懂得欣賞別人。

圖文轉載自 *Breakazine！005*《筍工之神話》

除了外來的聲音，每個人內心的呼喚，也左右着他對人生方向的抉擇。不理會自己內心呼喚的人，很難抓得住適切自己的人生目標。本地社會生活節奏急速，聲音繁囂紛亂，人人營營役役，難得安靜下來，聆聽自己內心所發出的聲音。

快感　追求即時滿足

內心聲音當中最易捕捉的，是心中對快感的渴求。「過癮」這詞解作嗜慾得到滿足，許多人凡事只求過癮。這種心態，有些是與生俱來的，例如享受食物、性生活所帶來的快感；有些是感染學習得來的，例如音樂、運動、賭博所帶來的快感。有些快感是受潮流文化影響的，例如在消費主導的社會，購物會為好些人帶來快感；擁有物質也為不少人帶來短暫的「光榮感」和「快樂」。

愈是年幼或心志未成熟的人，愈傾向追求即時滿足心中快感。所以嬰孩肚餓便會大哭，直到喝飽了奶為止。食慾是不能控制的基本慾念，人人都要滿足自己這方面的渴求；但是有些人把滿足食慾的快感，變作了人生目標，卻未免可悲。

著名的心理分析學鼻祖佛洛依德（Sigmund Freud）非常重視另一種快感的渴求——性。他嘗試以尋求性慾滿足這種心態，作為分析人成長歷程的切入點；並從這個角度解釋人與父母的關係、與異性的相處，以此如果生存只是為了滿足即時的快感，人會變得短視，以致無法部署更長遠的人生目標。

作為人的動機和動力等等；連嬰孩吮吸母乳也給賦予性慾得到滿足的意義。這種理論，實在將性慾「神化」了。

流風所及，滿足性慾就給塑成人生最重要的目標。不少人著書立説，倡言壓抑性慾會造成心理不平衡；性高潮多少成了婚姻美滿的指標；婚前未有性行為不曾經歷人生；婚外情為平淡的愛情添上色彩……於是有些人一生好像就是為了追求性交帶來的快感而活。

在以愛為基礎的婚姻中享受美滿的性生活是美麗的，但是讓內心性慾的衝動支配一生，卻非常可怕。性慾確是與生俱來，卻不是基本慾念，與食慾不同。性慾可以節制處理，毋須尋求性慾的滿足才能保持心理平衡。人絕對不是性慾的奴隸。

即時還是長遠？

如果生存只是為了滿足即時的快感，會使人變得短視，而且浪費時間精力，以致無法部署更長遠的人生目標。許多年輕人初出茅廬，就犯了這個毛病，斤斤計較一些當前的好處，而忽略了長期的計劃。

偉明是一個具體的例子。他是「末代會考生」，可惜公開考試不及格，要面臨前路的抉擇。其實，他可以有許多選擇：

1 重讀新高中，再報考公開試。

2 轉讀「毅進計劃」或副學位課程等另類教育課程，容許另闢途徑續修正規教育。

3 有不少職業都需要新血加入，可轉讀職業訓練局或僱員再培訓局等專業培育課程，得到專業上的裝備才出來就業。

4 勞工處推出的「展翅青見計劃」，提供職業技能培訓，學員有機會到工作間實習吸收經驗，同時學習待人處世的技巧，裝備自己投身勞動市場。

5 近年，本港與珠三角，以及國內部分城市，在經濟上結合。他可以考慮北上升學或尋找見習、培訓、就業的機會。不過要留意，這些機會暫時仍未算很成熟。

6 他也可到美加、澳紐等地升學，也是一個出路，但費用比較昂貴。另有人考慮到台灣、東南亞各地尋找培訓、見習、就業的機會。這都是本港與國際接軌的自然趨勢。

倘若你是偉明，你會選擇走哪一條路呢？是當前的好處吸引你，還是其他的長期因素，成為你抉擇的基礎呢？

即時快感

試評估你個人的就業抉擇。你會考慮下列哪個因素？請按重視程度，在左方空格內填上先後次序。如有需要，可作文字補充。

☐ 即時滿足

☐ 發揮所長

☐ 進修機會

☐ 市場需求

☐ 預期回報

☐ 長期發展

☐ 個人夢想

☐ 貢獻社會

延伸閱讀

追求即時滿足，目的是讓自己更快樂，但這個快樂能有多長久？

1. 區祥江：《快樂軌迹 —— 10 個正向心理學的生活智慧》。
2. 湯國鈞、姚穎詩、邱敏儀：《喜樂工程 —— 以正向心理學打造幸福人生》。

夢想的聲音

是妄想還是理想？

聽，翅膀拍動

歐陽達初 / 組織幹事

我唸大學時志願是投身青年工作。實習時遇上新來港家庭，我努力幫助他們，卻是失敗收場，促使我反思究竟什麼問題在影響貧窮家庭，我可以做什麼去解決這個問題？我想改變社會上的不公制度，保障勞工生活；於是便投身關注綜援的組織，爭取社會福利。在這崗位上，雖然有時感到孤單，得不到朋友家人的認同；而且自己也看不到實質成績，難免感到失望，但我仍願意全心投入這份有職志的工作，與有需要的人經歷生活。

圖文轉載自 *Breakazine！*005《筍工之神話》

即時快感是具體的、容易捕捉的，更是人的官能即時感受到的。所以不少人，特別是現實的人，最容易讓這種快感的渴求，影響了自己的抉擇。

可是，有一類人卻恰好相反。他們愛做白日夢。這些人活在另一個境界裏，對當下不投入，也不認真，因為他們覺得自己有一天會變得不平凡。

幻想　追尋不存在的「我」

試看看下面幾個例子：

美欣最愛看選美節目、模特兒大賽等，她不時想像自己有一天要參選、要勝出，捧個「最上鏡小姐」大獎或成為廣告、時裝模特兒。

彼得參加了兩次歌唱大賽都落選，但仍抱着吉他苦唱。他相信有一天他要成為「巨聲」，踏上「星光大道」。

阿峰最愛看那些「第一桶金」、「少年股神」、三十歲、四十五歲退休的成功故事，他覺得自己總有出人頭地的一天。

小偉今年已是第三次投考演藝學院的戲劇科，他自問「有型有款」、魅力十足，但是不明白為什麼至今還未受到賞識。

我個人很尊重那些願意做夢的人，我自己也是個敢於做夢的人，而且願意為夢想付出代價。我也相信，人人都有做夢的本能，也該有夢，只是這個現實的社會往往把年輕一代做夢的權利也奪去了。

美國許多青少年會夢想自己有一天當太空人、科學家、運動家、美國總統。香港的青少年許多只敢想像自己將來當教師、護士、小店老闆，因為不想面對夢想幻滅的痛苦。

原來做夢也與自信、冒險精神、視野寬廣度等等相關。可是，高估了自己的才幹，對客觀環境認識不足，許多夢都只會流於幻想，叫人活在假象、自欺中。

Dare to Dream

鬆一鬆

請找個安靜的地方，舒舒服服地坐下來，讓全身肌肉鬆弛：例如可把雙手緊握成拳頭，心裏數：「一、二、三、四、五。」然後把拳頭慢慢放開，心裏再由一數到十。接着，把腳伸直，腳尖向上或下屈。然後頸項儘量向前或向後彎。把眼睛閉上，收緊上眼瞼，再放鬆。把肌肉一鬆一緊，人就會鬆弛、安靜下來。如果有什麼雜念，不要跟它們糾纏，只要安詳地、慢慢地作深呼吸。把思想集中於呼吸的節拍——吸入、呼出，吸入、呼出……

想一想

試拋開現實顧慮，隨意隨心地想像一下，你希望自己三年後變成什麼身分——例如，住在哪裏？做什麼工？有個怎樣的家庭？只管放膽夢想吧！

1 這刻浮現在你腦海的是什麼？

2 你會求些什麼？請把你的祈求寫下來。

我祈求三年後 ——

住所

工作

家庭

其他

請你不要太早扼殺自己的夢想，要 / 可放膽做夢。不過，又要保持敏感，察看自己的夢想是不是完全脱離了現實 —— 包括環境的限制和自身的限制。最好找一位有經驗的朋友或導師，跟他商討一下，找出哪些限制是可以克服的？哪些限制是須要接納的？

做夢是好的，不過與現實脱節的夢想，只會淪為不能實踐的幻想。

理想　肯定心中的抱負

人必須有勇氣，才敢為自己的一生做夢。有了夢想，再加上對自己的了解，對環境正確的評估，才能夠將夢想化作可以腳踏實地去實踐的理想。

理想不一定是驚世的抱負，理想更不是「偉人」或「超人」的專利品。其實，你仔細察看，所謂偉人都不過是平凡人而已。

俊業這個年輕人的勇氣叫我佩服。他中學畢業後，在銀行工作，三年來的表現不錯，頗得上司賞識，幹下去肯定大有作為。只是他念念不忘自己昔日要當「北斗星」（社工）的理想。原來在正職以外，這幾年他一直都在一個社會服務機構當義工，也因為這份義務工作，教他認識自己的興趣確實在社工界。負責督導他的社會工作者，也覺得他的性格和表現很適合做青少年社工。三年前他為了經濟的緣故，找到目前這份工作；三年後經濟情況有了改善，他卻有點捨不得離開。

俊業決定靜下來聽聽自己內心的掙扎，讓自己昔日的夢想再浮現眼前。他對自己的現況作了一個詳盡的評估，便大膽地向父母陳明自己的抱負。終於，他辭去一份安定的職業，不問薪水多少，轉投一間社會服務機構當社工助理，每天晚上再付出額外的時間進修，朝着他曾經夢見過的「北斗星」，穩步邁進。

假如可以選擇，我盼望如何使用自己的一生呢？

我願意向那些敢做夢、敢摘星的人致敬！

我相信每個人都曾經擁有他的理想，只不過現實的生活迫使他親手把理想埋葬罷了。為什麼不讓你的理想再活一次呢？

要找回心底理想，請坦誠自問：假如有選擇權的話，我盼望如何使用自己的一生呢？

敢夢不敢想？

回到你剛才的夢想吧！請你細心想想：

1 為什麼我有這個夢想？

2 是什麼攔阻了你的心願成為事實呢？是怎樣的限制？是家庭環境、經濟條件的限制嗎？可以克服嗎？

3 是本身的能力不足嗎？在哪方面不足？可以改進嗎？

4 這個夢想完全與現實脱節，不過是幻想嗎？如何脱節？

回顧前述美欣等四個年輕人的夢想，他們先要問自己為什麼有這個夢想，真是出自本身的興趣，還是追求當上選美冠軍、模特兒或賺得多少桶金所帶來那種即時的滿足感、虛榮感？

假如這個夢想是出於真誠的興趣，那就應該再誠實地作自我評估。

5 自我評估：

(i) 為什麼我有這個夢想？是來自我的興趣嗎？或只是追求即時滿足？

(ii) 我適合往這個方向發展嗎？為什麼？

(iii) 我平日有哪些表現，足以支持我朝這方向探索下去？

如果你能通過自我評估這一關，不妨再找些知己朋友，對自己作一個中肯的評估。也請他們對你的理想作出回應，看看他們可會支持你冒險一試。

6 朋友評估：

(i) 他們的評語

(ii) 建議

我個人十分鼓勵年輕人敢於嘗試、勇於冒險，不過必須先作出中肯的評估，才好踏出第一步。幻想總是經不起多方客觀評估，以及現實的考驗。

延伸閱讀

你想知道自己的夢想是不設實際，還是可以付諸實行嗎？可以利用心智圖法的方式製作你的「夢想 Mindmap」，想像要達到夢想，究竟要有幾多實際行動？
請參鄧淑英、黃嘉儀等：《玩創未來》「夢想 Mindmap」及「踏步遊戲」，都可以幫助你具體策劃，把夢想活出來！

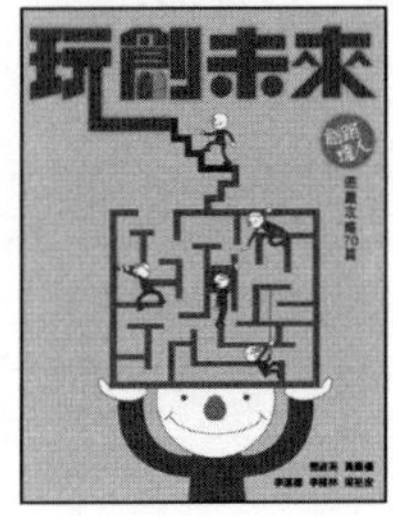

創造主最了解
人如何生活才有意義

聽，翅膀拍動

陳億華 / 市場推廣

我十九歲時因家庭經濟困難，便出來半工讀，幫補家計，會考成績很差，無法升讀高中。當時我重讀，結果仍未達標。面對前途抉擇，總會感到十分迷惘，在這時候，我禱告尋求上帝引導。上帝不會給我一個特定答案，但祂總會引導我意念及環境，讓我有出路，我只管按祂的引導前進或等候。那時一位教會弟兄幫助我，與我同行，給我意見。然後我報讀了金融的文憑課程，想在金融界發展，可惜又因家境困難，不能完成學業。上帝又再透過教會的導師提醒，介紹我入讀「師徒創路學堂」，在實習公司得到聘任，於是我邊工作邊進修金融課程，現在完成學業，計劃加入金融界發展。

圖文轉載自 *Breakazine !* 005《筍工之神話》

在前述眾多聲音中，相信一般人最感陌生的就是「上頭的聲音」；甚至有人從起頭就否定有這聲音存在。要是有人表示自己聽見「上帝的聲音」，他們要不是被認為出於幻覺，就是精神病的徵兆。

薛華博士（Dr Francis Schaeffer）有一本著作叫做*He is There and He is Not Silent*，直譯的意思就是「祂在那裏，而祂並不沉默」。（該書中譯本名為《太初有道》）我也相信上帝不只存在，而且並不沉默。

上帝願意與人溝通

我不但相信，而且親身經歷上帝是一位願意與人溝通的神。《聖經》這樣描述上帝與人的溝通：幾千年來，上帝揀選了一些「代言人」——就是歷代以來稱作「先知」的——透過他們向人陳明祂的心意，包括上帝對人的愛、對人的期望。在二千多年前，上帝更將自己的兒子——耶穌基督——差到世間來，親身向人表彰上帝的身分、榮耀，和祂對人的關懷、拯救。

更難得的是，上述歷代眾先知的信息和耶穌基督的言行，都白紙黑字地存留下來，並且合編為《新舊約・聖經》，全書共六十六卷，記錄了幾千年來上帝與人溝通的精華。過去二千多年來，《聖經》一直是上帝和人溝通最重要的媒介之一。

有人看《聖經》為上帝給人的「誡命」，不外是一大堆關乎道德操守的訓示；但是我卻覺得《聖經》更像上帝給人的一本「情書」，不只教導我們如何做人，字裏行間湧溢的真情，更傳達了上帝的憐憫、慈愛。好像下面這一段：

「……因為上帝就是愛。
上帝差他獨生子到世間來，
使我們藉着他得生，
上帝愛我們的心在此就顯明了。
不是我們愛上帝，
乃是上帝愛我們……
愛裏沒有懼怕；
愛既完全，就把懼怕除去，
因為懼怕裏含着刑罰，
懼怕的人在愛裏未得完全。
我們愛，因為上帝先愛我們。」

〈約翰一書〉4：8-10, 18-19

這是我最喜歡的一段經文，每次細看，都感受到上帝向我表達的愛意。我深知上帝並不沉默 —— 祂一直採取主動，率先向人表達愛意。耶穌基督到世間來為人受苦、為人捨命，就是最具體的愛的行動。正是上帝的愛，統統消除了我對罪、對審判、對自己醜陋的一面，甚至對人際間的仇恨的懼怕。今天，我願意告訴全世界：我愛祂，因為祂先愛我！

轉眼間，從我第一次聽到祂的聲音到如今，已經超過四十多年了。四十年如一日，祂繼續說話，我仍在學習聆聽。

可不要以為我是個了不起的聖人，我要承認，在這些年間，有時我也弄不清楚到底聽到的，是上帝的聲音，抑或是自己的聲音。有時我逃避上帝的聲音，寧可追隨滿足快感的聲音；有時是父母的聲音蓋過了上頭的聲音——我會掙扎，我會感到吃力。

無論如何，我相信上帝對你、對我的一生，都深感興趣。祂對我們的一生有重要的啟示，為了使我們活得更充實、更豐富。正如耶穌說：「我來了，是要叫人得生命，並且得的更豐盛。」（〈約翰福音〉10：10）

自我的空虛

有一段時間，我十分不明白，為什麼一些滿有理想，又努力實踐理想的人，到頭來還是感覺生命有種空洞感？

當我在醫學院唸書那幾年，體驗特別多。起初我以為醫學生和醫學院教授，一定胸懷大志、熱愛生命；後來卻察覺到他們有不少憂悶、空虛、自負、不滿等消極情緒。最叫我震憾的是，有一位高年級的師兄——外貌英俊、成績驕人（是拿獎學金的高材生）——竟然在畢業那一年自殺身亡。我也參加了他的喪禮，帶着眼淚，帶着很多問號！

最後，是二千多年前耶穌基督跟一個青年人的對話，給了我一點啟示，回答了我對人生的一些疑問。當時是公元三十年，耶穌在猶太傳道，有一個不論財富、學識、地位，都有相當成就的年輕人，向耶穌請教人生的目標。耶穌扼要地指出人生最重要的是：你要盡心、盡性、盡意、盡力愛主——你的上帝。其次就是要愛人如己。

當時那位青年似乎不願意改變他的人生路向；不願意放棄以自己為中心的生活方式；不甘放下一些即時的享受，把自己的人生目標重建於愛上帝愛人的基礎上。結果，他帶着憂愁離開耶穌。（〈馬可福音〉10：17-22）

現代人思索人生設定的目標，總離不了自己——自我了解、自我實踐、個人成長等等——都以自己為中心。追求事業成功、婚姻美滿、兒女成才——仍是跳不出個人的小圈子。我不是説這些目標沒有價值、沒有意義，但是始終將一生的焦點都放在自我身上。

上帝創造人，當然了解人要如何過活，才可以享受有意義、有活力的人生。主耶穌説要真正掌握人生真諦，必須把愛上帝、愛人這兩項，作為建立人生的兩大支柱。如果認為上帝有意跟人過不去，總是希望人刻苦捨己，生活要清苦難過，這其實是誤解。

我忽然明白過來，為什麼有些人還清了父母債，也追討了一切可以追討的債，而且覺得朋輩當中再沒有一人足以構成威脅，甚至夢想、理想都一一成就了，但仍然覺得人生缺少一些莫名的東西！難怪有人感歎，人生有兩種境界，不易抵受：其一是達不到理想的痛苦；其次是達成理想後的空虛。空虛是內心得不到滿足、有所失的狀況。在情緒上的表現，往往是抑鬱。我在輔導室見過多少抑鬱的人，他們或是沒有人生目標，或是未能達成理想而鬱結重重。但想不到有不少人在達到原定目標時，仍然感覺空虛。這些人多已屆中年，他們心中在問：「So what？」（那又怎麼樣呢？）

人陷於這種處境，並不是上帝有意作弄。人生為苦惱、愁煩所困，是因為我們在探討人生的過程中，沒有好好聆聽上頭的聲音，領悟不來人生的真諦。

有人的藉口是工作太忙，沒有閒暇聆聽上帝的聲音。城市的生活節奏緊迫，一般人難得靜下來聆聽自己的聲音，當然更遑論靜下來聆聽上帝的聲音。

他們都聽見上頭的聲音

但是我們總不會比身肩國際重任的「大人物」更忙吧。聯合國第二任祕書長韓馬紹（Dag Hammarskjold），1961 年諾貝爾和平獎得主，是個虔誠的信徒。細嚼他的遺作 *Markings*（中譯本名為《痕》，蘇恩佩譯），才發現他是個集行動與反省於一身的人。書裏有他的一句名言：

聆聽上帝的聲音固然重要，更難得是對上頭聲音的順服。

「在這時代，成聖須先入世。」

韓馬紹一生行事，充滿戲劇性，雖日理萬機，卻沒有因而阻撓他在寧靜中尋求聖潔，專心聆聽上頭聲音的決心。他反而感歎，在探索人生的歷程中尋求上帝聲音的人，為什麼竟然不多。他這樣寫：

「上帝是我們伸手可及的生活寶鑑，但我們甚少查閱祂。」

我給韓馬紹的生平吸引，是因為看了他的札記譯文，而譯者就是「突破」十年戰友蘇恩佩。細讀韓馬紹的文章，近看蘇恩佩的生命，我發現了人生要活得有意義的祕訣 —— 要學習：獨處；安靜；聆聽那從上頭來的聲音。

聆聽上帝的聲音固然重要，更難得的是順服上頭的聲音。

德蘭修女（Mother Teresa）數十年如一日，服侍印度貧民、病人、垂死的人，在 1979 年獲得諾貝爾和平獎。起初，在眾多報道中，大家只看見她的活力、她的愛心、她的行動；後來，才發現她生命的祕訣 —— 原來她是個願意安靜聆聽上帝的聲音，又勇於對上帝順服的人。

依德蘭修女的體悟，上主不會在喧鬧擾攘之中臨在。「安靜下來，上主就同在。默禱所得愈多，行事時能付出的也愈多。」（*Something Beautiful for God: Mother Teresa of Calcutta*, Malcolm Muggeridge）「靜下來，方能觸及別人的靈魂。」她認為，人說什麼不大重要，至要緊的是上主對我們說什麼，又透過我們向他人說什麼。她承認自己的無助和軟弱。「因為我不能依賴自己的力量，我一天二十四個小時都倚靠祂。」（*No Greater Love,* 中譯名稱：《愛無止盡：德蕾莎修女的叮嚀》）

當然，德蘭修女不單聆聽上頭的聲音，還付諸行動。1946 年 9 月 10 日，是她作出重大抉擇的一天。當時她在印度加爾各答一所修道院開辦的學校任教，生活、作工的環境相當安靜優美；但她的心卻被加爾各答街頭巷尾那些給人遺棄的孩童緊緊抓住。她在寧靜獨處時，聽到耶穌對她的呼召，要她去服侍窮人中的赤貧。她向上司吐露心聲，最後教會批准了她這個請求。

兩年後約滿了，她立即前往接受幾個月的護理學訓練，然後帶着幾個盧比（印度幣，今天一盧比約可兑換港幣二角），便搬進加爾各答一個貧民窟。她在街頭收養了幾個被遺棄的孩童，自此展開了她服侍窮人的生活。

近五十年如一日，她相信以愛心作在貧病幼弱身上的，都是作在耶穌身上。對她來說，他們每個人都有如基督。

有人覺得她的努力，只能為少數的窮人帶來好處，並未能解決印度全國性的貧病問題。德蘭修女承認：「我們所做的，僅如大海中的點滴；但

沒有這點滴，大海也不算完全。」（*Something Beautiful for God*）

她所作的那點滴看似平凡，卻是真正的不凡。

我知道她的一生沒有白過。

聆聽微小的聲音

你可能從來沒有聆聽上帝話語的經驗或習慣，我希望你給自己一個開始。

主耶穌是上帝的兒子。祂在二千多年前到世上來，親身對當代的人說話。祂的話記載在《聖經》內，就是到了今天，祂仍要藉着《聖經》跟我們說話。我從《聖經》找來一段經文，對走在人生路上的人，很有啟發作用。

要知道，我們在追尋、實踐人生理想時，最容易忽略了自己與上帝、與人的關係。可是未能與上帝保持相交，在人生的路上就容易迷失方向，而且在奔跑過程中會有乏力的感覺。至於不曉得與人相處，就會在實踐理想的過程中，遭受許多不必要的波折、挫折或創傷，也可能為他人帶來傷害。

不要以為單求發揮自己的潛能，只憑自己的努力，便足以締造美滿的人生。主耶穌在處理好些重要的關係上，有祂獨特的看法，可以給你一點提示。

安靜、默想、深思

為了讓你更投入學習，更加深你的內心感受，請找個寧靜的地方坐下來。儘量保持身心安詳鬆弛。閉上眼睛靜坐片刻，有助你集中精神。全然安靜下來，才細讀下面節錄的經文。仔細閱讀這段經文兩三遍，掌握到其中主要的意思之後，再閉上眼睛默想這段經文對你個人的意義，留意、探索你內心的感受。不要忘記，這是主耶穌跟你說話，裏面有祂給你的應許，以及對你人生的提示。

「你們祈求，就給你們；
尋找，就尋見；
叩門，就給你們開門。
因為凡祈求的，就得着；
尋找的，就尋見；
叩門的，就給他開門。
你們中間誰有兒子求餅，反給他石頭呢？
求魚，反給他蛇呢？
你們雖然不好，尚且知道拿好東西給兒女，
何況你們在天上的父，
豈不更把好東西給求他的人嗎？
所以，無論何事，
你們願意人怎樣待你們，
你們也要怎樣待人，
因為這就是律法和先知的道理。」

〈馬太福音〉7：7-12

默想之後，你內心可能浮現相當多的思想、感受和反應，以下問題有助你整理自己的思想和感受，並作進一步的反省和深思。

1 剛才閉目默想這段經文時，你內心有什麼感受？

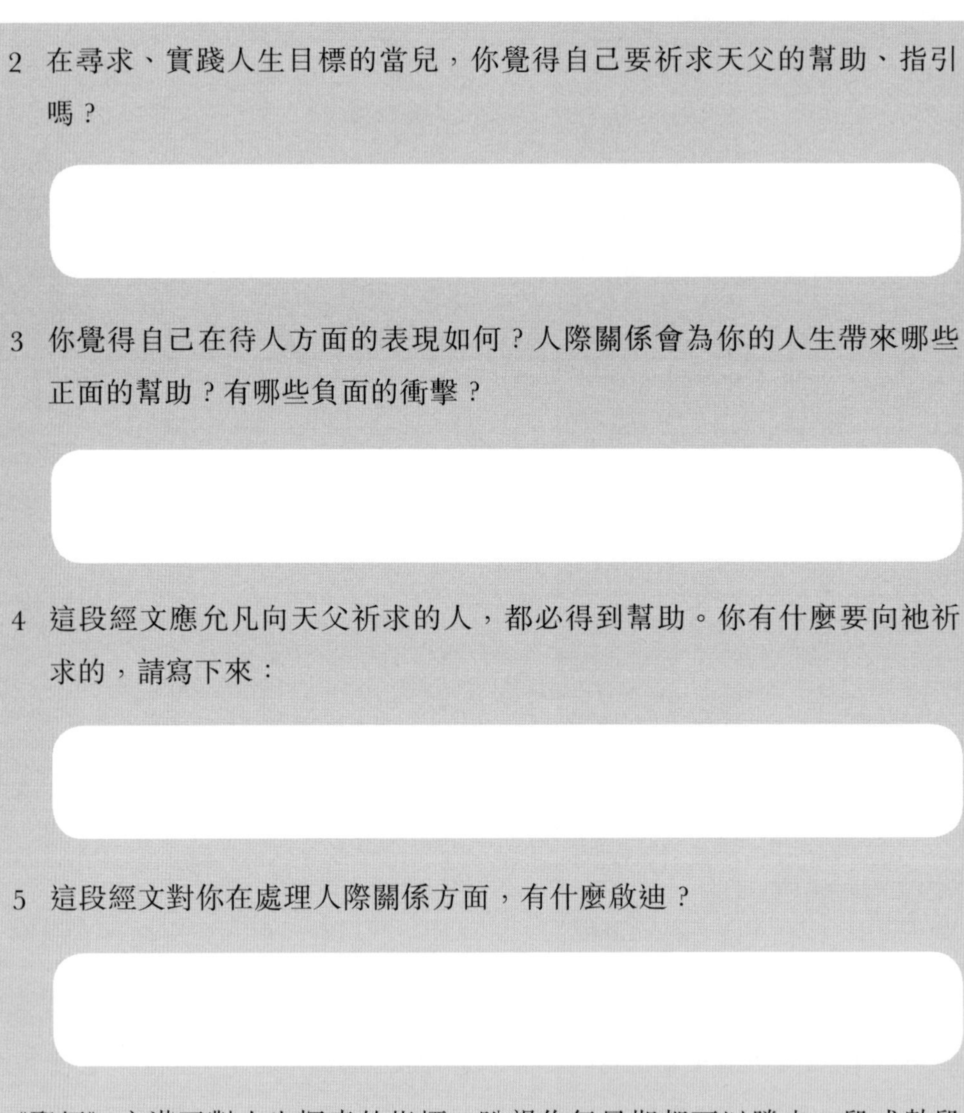

2 在尋求、實踐人生目標的當兒，你覺得自己要祈求天父的幫助、指引嗎？

3 你覺得自己在待人方面的表現如何？人際關係會為你的人生帶來哪些正面的幫助？有哪些負面的衝擊？

4 這段經文應允凡向天父祈求的人，都必得到幫助。你有什麼要向祂祈求的，請寫下來：

5 這段經文對你在處理人際關係方面，有什麼啟迪？

《聖經》充滿了對人生探索的指標，盼望你每星期都可以騰出一段或數段時間，或單獨，或以小組形式，學習聆聽上帝的話語，也藉此反省人生。我建議你先看《新約．聖經》的〈馬可福音〉，因為這卷書記載的，主要是耶穌基督一生的言行，比較容易明白、投入。

延伸閱讀

如何聆聽上帝聲音，得着人生真智慧，可看看前人的足迹——

1. 蘇恩佩：《死亡，別狂傲》（復刻本）。
2. 蔡元雲：《生命影響生命》。

規劃路線

探索召命
由專業到實踐召命

「聆聽」不止於從外面進來的聲音和內心的微聲；更重要是聆聽從上帝而來的指引。

在這章，我想跟讀者分享這麼多年來我的心路歷程——信仰對我一生走的路影響很大——盼望能給正在尋找自我、有心尋夢與創路的青少年一點幫助。

我是在高中最後一年歸信耶穌基督成為基督徒的。《聖經・箴言》中有一節：「沒有異象，民就放肆。」（29：18）這裏提到的「異象」，是指從上帝而來的「默示」，引導人尋找人生路向的真理和指示。我深受啟發，多次向上帝祈禱：要做一個有異象的人。

對我來說，「聆聽」不止於從外面進來的聲音，和內心的微聲；更重要的，是聆聽從上帝而來的指引。這指引可以來自《聖經》，有時或會透過其他信徒的引導；但更重要的，是出於上帝的靈在人心中的感動。學習聆聽，要多作安靜、禱告，這種操練不可或缺。

要清楚聆聽從人而來的聲音已經不易，要靜聽內心的聲音也要操練，更何況辨別從上帝而來的指引！這個必須不斷學習。

「召命」這個詞的根源，也與聆聽從上帝而來的呼召有關。中文翻成「召命」，就能保存「呼召」和「使命」的原意。我喜歡用這個詞彙來形容就業崗位：既表達了職業、工作的尊貴，又道出對人對上帝的服侍。

我曾為 *The Purpose-Driven Life*（Rick Warren）這本北美暢銷書的

中譯本《標竿人生》撰寫推介文。這書最能引起我共鳴的地方，正是尋找召命那幾課。我在下面個人心路歷程的分享裏，也借用了書內的一個概念，其中包括了五個重要的指引，對於尋找個人召命很有幫助。

如何尋找召命？

Spiritual gifts 屬靈恩賜

這是指從上帝而來的特別才能。從上帝的靈領受了這些「恩賜」（gifts）的人，對他人的生命、靈性都起造就的作用。

「屬靈恩賜」和召命的關係密切。個人的召命不是為了彰顯一己的才華，卻是為了建立他人的生命，最終榮神益人。召命是個人屬靈恩賜得到發揮的渠道。

從小學到中學，我都是一個害羞、內向、不擅詞令的人；從沒有想過，上帝竟然賜給我講道和教導的恩賜。我在公開教導的場合，間或跟中小學的同學碰頭。他們總是一臉驚訝，表示很難理解我的改變 —— 我竟然能夠站在講台上滔滔不絕，而且對青少年也有造就的果效。

Heart 心中喜好

要是人不喜好手頭的工作，他很難把那事辦好。反之，熱愛工作的人，一定會在崗位上十分投入，常常流露喜樂之情。有心便有情，有情自然有勁。教我最感快意的，就是碰到對自己工作有情有火（passion）的人。

早年我在本港一所醫院行醫，醫院隔鄰便是一所中學。那所中學的校長常常邀請我到他的學校主領早會。當日跟少年學生演講的那份雀躍、興奮，與他們交流的喜悅心情，至今都叫我不能忘懷。

當年，內心早已默默地告訴我：你的召命最好與青少年有關。最感欣慰的，是我雖然從事青少年工作已有三十多年，但直到今天，我每逢與年輕人接觸，仍覺得心中有火 —— 是他們燃點我的生命。

我可以坦誠表白：青少年真是我心中的摯愛！

Ability 才幹能力

無論是先天的賦予，或後天的培育，人人都有不同的才幹能力。才能與工作崗位相稱，我們稱之為「稱職」。不能低估後天培育的重要性，但是要因材施教，才會事半功倍。

我離開醫療崗位，在未全職投入青少年工作前，曾接受兩年專業心理輔導的訓練。一度我也曾懷疑自己可有輔導的才能。在進修期間，我也接受個人輔導、小組輔導。透過導師的指引和督導，我逐步掌握了輔導的理論和技巧。經過三十多年的操練、進修、自修，我覺得自己當輔導算是稱職。不單自己投入整個過程，也叫受導者得到幫助。我知道自己沒有「入錯行」。

Personality 個人性格

個人的性格也要和他的召命配合。我曾經遇上一個剛投身教會工作的年輕人，他提到自己很怕和人近距離接觸，是個性使然。他問我該怎麼辦？我的回應可能太過直接 —— 我認為他應該考慮轉行。當上牧師又怎能逃避與人近距離接觸呢？正如厭惡與羊兒接觸的人，又怎能當牧羊人呢？

我不屬外向型，但個性喜歡與人接觸。當醫生時，我喜歡與病人和他們的家屬接觸；投身青少年工作時，我喜歡輔導的工作，也樂於參加青少年的營會。後來還有機會接待好幾個少年人到家裏暫居，讓他們在另一種環境下學習成長。我的性格和召命相當協調。

往後，我因為參與政府的某幾個諮詢委員會的工作，有機會接觸政界的人物。不止一次有人遊說我從政，捫心自問，自己的個性並不適合政途，實在欠缺問政該具備的謀略，以及相關的社交技巧。

Experience 人生經歷

要尋找個人的召命，可以從自己的人生經歷尋找一些線索。

我是如何投身青少年工作的呢？回顧往日的途程，召命其實有迹可尋。

自小我已受惠於多位青少年工作者。小學年代遇上幾位愛護我、關懷我的老師，其中有一位更在我犯了過錯後良言善導，並沒有公開指責。多年前思憶良師，心有所感，特意找機會向她道謝，謝她當年「不殺之恩」！

中學時期，一個熱愛青少年工作的同學帶領我認識基督。大學期間，在加拿大溫城與一羣熱中於青少年工作（包括文字工作）的同學，互策互勵，共度了黃金的七年；當中有好幾位今天也在服侍年輕人。

我在一個青年冬令聚會裏，開始學習尋找一生的召命。往後，我與青少年共處、交流，不時經歷內裏生命火花的燃燒。回想過去的年日，好多次生命的高峰經歷，都是在我與年輕人共聚相交的時刻出現，激發我心中的情。

我十分珍惜這些獨特的體驗，也從這種種體悟裏，尋到自己召命的蹤影。

前述 Spiritual gifts、Heart、Ability、Personality、Experience 這五個英文名詞，如果把它們頭一個字母拼湊起來，正好成了 SHAPE 這個字。Shape 指形狀、樣貌。個人的召命，該與他的「樣貌」配合。

《聖經》也有記載好些人物如何尋到自己的召命。其中一位是先知耶利米。當他知道自己被上帝呼召作先知時，因自覺年輕，恐怕擔當不起。那時，是上帝的話肯定了他的召命：「我未將你造在腹中，我已曉得你；你未出母胎，我已分別你為聖；我已派你作列國的先知。」（〈耶利米書〉1：5-6）

有伯樂然後有千里馬，古人很看重「知遇之恩」。我相信上帝是我們的創造主，祂最明白我們的「樣貌」。在尋索召命的過程中，除了靜心聆聽內裏的聲音外，如能找來一些師傅（mentors），又得到他們的指引，肯定有相當的幫助。不過，最重要的，還是學習聆聽從上帝而來的默示。

除了上述五點，我還添上三點——三個 P，深盼能幫助你找尋個人的召命。

Place 地點

這是指實踐召命的地方。

《聖經》在這方面也有指引。《聖經》教導我們要愛護、照顧家裏的人，家庭肯定是我們承擔使命的地方。《聖經》又教導我們要「愛鄰舍」，要為居住的城市求平安，這都是責無旁貸的。

人人都可能尋到最適合自己實踐召命的地方。就在青年時代加拿大留學的日子，我早已有一股發自內心的感動，盼望有一天能回到香港或國內，在同胞當中實踐召命。這種尋根的心、鄉土之情、骨肉之情，一直在我心中盪漾。

如今我真的植根本土，在這個城市、這片土地上服侍青少年。心中有說不出的喜悅！

People 人物

召命也有特定服侍的對象。清楚誰是作工的主要對象非常重要。

《聖經》表達清楚，要求我們孝敬父母、愛家人，並且不要忘記自己的同胞——骨肉之親。這些人必然都是我們要服侍的對象。

有一段日子，我以為自己服侍的對象主要是病人。其實心底裏，我也羨慕那些服侍傷殘人士的工作人員。他們那種愛心和忍耐打動了我。服侍窮人的人那種捨己、刻苦精神也教我佩服。不過，最終我還是認定自己召命中的服侍對象是青少年。三十年如一日，他們生命的成長是我最大的滿足和喜樂！

Profession 專業

專業是實踐召命的渠道，也是盛載召命的器皿。屬靈恩賜和才幹能力，該按不同的專業要求、特質來發揮。專業只能視作渠道、器皿，最終的目標仍該是服侍上帝、服侍人 —— 榮神益人！

我常記起《聖經》的教導:「但命令的總歸就是愛」(〈提摩太前書〉1:5)。主耶穌把所有誡命總結為兩條，就是「要盡心、盡性、盡意、盡力愛主你的上帝」，以及「要愛人如己」(〈馬太福音〉22：37-38)。

只追求專業知識、專業成就，而沒有愛，仍然算不上召命。

一度我也曾醉心輔導的專業知識，竭力追求專業成就，期望可以再往上提升。到了後來，我才明白輔導這個專業不過有助我服侍青少年。輔導是我的專業，但服侍青少年才是我的召命。

謝謝你的耐心，把我尋找個人召命的心路歷程讀畢。老實説，這也是我頭一回把這個過程如此詳盡地寫下來。深盼這分享，能對你在尋找召命的路上，起一點作用。

My SHAPE

1 請安靜細思（如能找來幾個你的朋友協助更好），然後把你的「樣貌」描述出來：

(i) Spiritual gifts（屬靈恩賜）

(ii) Heart（心中喜好）

(iii) Ability（才幹能力）

(iv) Personality（個人性格）

(v) Experience（人生經歷）

2 看清楚自己的樣貌，對你尋找召命有什麼啟迪？

3 召命要得到實踐，一定要找到合適的地點、人物和專業。請把心中嚮往的三個 P —— Place, People, Profession，逐一寫下來。

(i) Place（地點）

(ii) People（人物）

(iii) Profession（專業）

4 你看自己的召命是不是比前清晰了一點？請用幾句話，扼要地總結當下你對自己召命的認識和理解。

延伸閱讀

希望以下讀本有助你探索人生召命，規劃個人路線——

1. 蔡元雲：《改變，由我開始》。
2. 區祥江：《生命軌迹——13 個助人自助的成長關鍵》。

五年路線圖

長期計劃，大處着眼，遠處入手

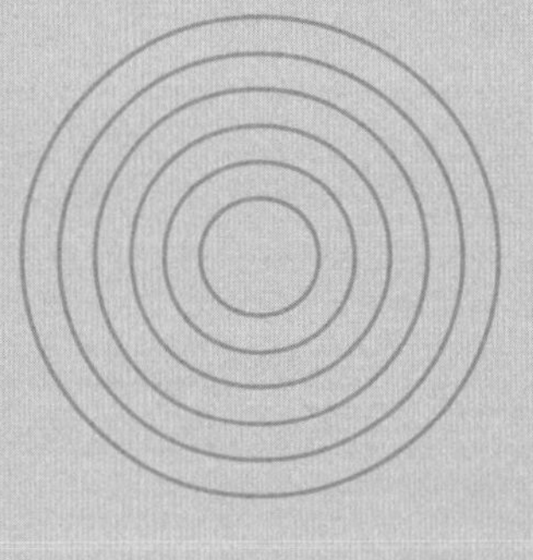

前面談到設定人生目標的重要性，也把一些影響我們人生目標的聲音分辨出來。人不能逃離外來的聲音，無論是從家庭、社會或朋輩而來的，都該細聽；當然這並不表示該盲目地跟從。同時，人要了解自己，也要安靜下來，對內心的呼喚有所回應。但願推動我們生活的，不單是對快感的渴求，而是有方向、有意義的理想。在眾多混雜的聲音之中，我更盼望你能學習聆聽從上頭而來的聲音。那位創造天地萬物的主宰，十分關懷你一生要走的路，並已給你重要的指標。

人生的途程，其實可以按個人實際的情況，作出短期和長期的計劃。這一章，我們會思想如何具體釐訂這些計劃。為了讓你把每個原則掌握得更清楚，我會以一個年輕人的經歷為整章的骨幹。在他身上，你會看見尋找人生目標，釐訂、實踐具體計劃過程中，所經歷的掙扎、付出的代價。

長期計劃

有人以為最實際的方法，該是「見一步，行一步」。其實這些人通常不知道自己正往哪裏去。

例如你現在身處西環，打算到屯門，你會思量該乘什麼交通工具，要用多少車資，要花多少時間。沿途每一次上車、下車，都逐步把你帶近要前往的目的地。人生的路途也有類似的情況。

我關心的不止於滿足自己、父母，或社會，更關心我所作的在上帝眼中是不是有價值。

不少人很着重生活裏那些雞毛蒜皮般的小節：今天晚上看哪齣電影？明天在哪間酒樓茶敍？晚會要穿什麼晚裝？這一季流行什麼髮型？……為了種種細節煩惱不堪，卻迷失了人生的大方向。就好像一個人斤斤計較乘地鐵是不是會快一點，抑或搭公共汽車省錢一點，卻根本不知道自己要到什麼地方去。其實要為工作生涯作規劃，我建議從大處着眼，從遠處入手。

當然，每個人對「大處、遠處」都有不同的定義。我看重人生的每一刻、每一年，可是同時我又相信有永恆：我相信今生之後的生命。我相信除了要向地上的「老闆」交帳，還要向天上的上帝交帳。因此我確定了一生之中，我不單為自己、為眼前這一刻籌算。我關心的不止於滿足自己、父母，或社會的要求，更關心我所作的一切，在上帝的眼中是不是有價值。

我跟志輝的實戰故事

也許這樣說令你覺得很抽象。我想我在年輕時作的一項人生抉擇，可以把上面的原則清楚闡明。

我在加拿大唸完醫學回港，在醫院工作了五年，隨後離開，轉投青少年出版、輔導工作。不少人為我惋惜，覺得很浪費。我絕不否定醫療服務的意義，其實自己也十分喜歡醫院的工作。只是我不能違背內心的呼喚，甘願聽從所信的上帝的呼聲；我也深信投身出版、輔導、影音等工作，對造就他人有一定的價值和意義。我先確定自己是為上帝而活，為祂所愛的人而活，於是我便作出棄醫轉投青少年工作的決定。

雖然如此，我不是說只須遠眺而忽視眼前，或是只思念天上的好處，卻不為地上的生活打算。我的信念是：要是清楚人生長遠的路向，就更會懂得珍惜手中每一刻的時光。

我熱愛生命，也喜歡與年輕人一起認真地探索人生。在一個生活營裏，我認識了志輝。隨後幾年，我親眼看着他的轉變、成長。他對生命投入和認真的態度，也成了我的激勵。

我跟志輝相識那年，他才二十歲，不過已經在社會做事好幾年。中四還沒有唸完便輟學工作，一方面是為了家裏的需要；另一方面也是因為他對讀書全不感興趣。幾年間，也不知換了多少份工作：先後在工廠、酒樓、辦公室、超級市場等打工。雖然生活不成問題，卻經常覺得生活無聊、空洞。他樣子長得討人喜愛，又交了一個在學的漂亮的女朋友。不過，有了女友，也不見得生活增添多少充實感，反而兩人經常因興趣、背景，或身分有異，產生磨擦，更添煩惱。

我常常覺得上帝很喜歡在寧靜中，與有心探索生命意義的人溝通。那次生活營的地點，是一個清幽怡人的離島，志輝就在一片靜謐的環境中認識了上帝。上帝透過祂創造的山水星辰，藉着一羣對祂有體認的人和《聖經》的話語，打動了志輝的心。

志輝發現他的人生，原來可以不一樣，可以不用再單為昨天與女朋友吵架，為今天內心空虛，或明天工作單調而苦惱。他好像解開了生命中一個死結，重新肯定了自己為什麼、為誰而活。就在那次與上帝的相遇，他決心跟隨基督，並且學習為上帝而活。

當然，能分辨清楚人生大處和遠處的目標，也不等於可以即時解決天天要正視的問題。他和女朋友繼續吵架，工作仍是那麼乏味，都市繁囂的生活很快就把他在營中清晰可聞的上頭的聲音淹沒了。

上帝沒有立刻指示他該另謀高就，也沒有吩咐他換一個女朋友。其實上帝不是專制的獨裁者，不會擺出高高在上的架勢，發號施令。祂為我們人生的路立下重要的路標，卻沒有規定該坐什麼車輛前往。人生的公路上，可以容納大小、速度、牌子各有特色的車輛奔馳。上帝尊重人選擇的自由，同時也給予作抉擇的智慧。信靠上帝不是推卸本身責任的藉口。

志輝對生命的要求確是比以前認真了，不再甘於只為兩餐奔波，或者一對工作生厭便換一個老闆。交女朋友也不再只為感情需要，不復抱着談不攏便換一個這種心態。他認真思索起自己的前途來。

我跟他認真地談了好幾次，設法去發掘他的興趣到底是什麼。他會想像五年後自己要作什麼嗎？他父母對他倒沒有太多要求，家裏經濟的擔子也不靠他來挑負，他可以較為輕省，安心去做夢。

他要克服的反倒是學歷上的限制，和自信心的問題。他曾經低頭歎息：「我中學還未畢業，有什麼路可以走？」

他出來工作幾年，卻未嘗好好學過一門技能；也沒有哪份工作叫他認真想過長期發展下去。他自問雙手也不特別靈活，看來當技工或手藝工人，也不是他要走的路。

再看看他的興趣。他自問興趣也很普通：運動不是能手，音樂稍微有興趣，比較喜歡看電影，還有一個嗜好 —— 攝影。他覺得攝影有趣，卻花費很大。我追問下去，才知道他在學時，較喜愛美術，這一科成績也較好，只是升上中四，學校課程就不設這個科目了。至於他的課餘活動，他選上了攝影會。

終於，我們理出頭緒，找到一條值得探索的路。日後他可從這個方向嘗試找尋出路。

各自各精彩

志輝看自己學歷不高，沒有什麼特別出色的才幹，也從來沒有人讚賞過他。他對自己實在談不上有什麼信心。志輝花了好一段日子省思、努力，才能重新肯定自己的價值——是身體的一個肢體，有一定的位置、功能。他開始發掘、操練自己的才幹，期望把個人的功能盡情發揮。

我相信上帝賦予每個人特別的喜好和擅長，祂也願意我們按本身的特長和功能發展。我覺得空談偉大的人生目標，沒有意義；按着本身的特點把這些目標具體地實現，才算好好地活過。

我很喜歡《聖經》裏一個比喻：人人就好像是身體的某一個器官（《聖經》用上「肢體」這個詞）。每個肢體功能不同，都有一定的位置和重要性。

《聖經》借用人的身體來比喻整個教會。教會內每一個信徒，就像身體不同的器官或肢體；就如手、腳、眼、耳、鼻等各個器官一樣，雖然功能不同，卻都屬於同一個身體。因為各有不能取代的功能，沒有一個器官能完全代替其他肢體，那麼就要全體協調、彼此配合、各按其職，才能叫身體盡情發揮。雖然有些肢體給人的印象較有體面，另有一些肢體就好像比較軟弱，但後者卻更是不可缺少的。最重要的不是互相比較，而是肢體間彼此相顧、互相配搭、甘苦共嘗、榮辱與共。如此就構成一幅美麗動人

的圖畫。(〈哥林多前書〉12：14-26)

用身上的肢體來比喻每個人的獨特性，真是最貼切不過。身體沒有一個多餘的器官：連一根睫毛、一個淚腺、一條盲腸、一塊指甲，都有一定的功能。不過有些肢體比較引人注目——「啊，你的眼睛真明亮動人！」「你說話真動聽！」「你跑得真快！」「你的腦袋真靈活！」但是有些功能關乎身體生死的器官，卻難得有人留意，更少獲讚賞。你總不曾聽過他人說：「你的食道真能幹，天天保持暢通！」或是「你的肝真了不起！」

人與人之間的道理也一樣。通常那些「會講、會唱、會寫、會跳」的人，都比較引人注意；其餘的人大多較隱藏，天天默默耕耘、製作、服侍……似乎較少得到他人的賞識，但卻是人類社會不可少的一羣。

讓我們學會欣賞天天忠心效力的每一個肢體；讓我們向默默耕耘的人致敬。

未來的定位

請你稍停下來，花點時間找出自己的定位與功能。

1 你肯定自己人生長遠的方向和目標嗎？

2 請重估一下你的人生優先次序。你先前就人生最珍惜的五個項目，或生命目標所作的排列，你仍感到滿意嗎？要不要作出什麼修訂？經過幾番默想和再思，你可以再次把人生目標清楚地寫下來嗎？

職業興趣

人生的目標要落實於生活當中，就必須配合個人獨特的喜好、特長，才能在家庭、工作崗位、教會、社會——在他人身上實踐出來。你知道自己的職業取向嗎？

心理學家John Holland強調人的性格與選擇的職業相繫。性格、興趣相近的人，選擇行業的傾向也類似。Holland把人格與職業環境配合，分為六大類型，即：實務型、考究型、藝術型、社交型、企業型，和常規型。

1 請細讀以下六種職業興趣或人格類型，並選擇最接近你的三種，填在指定的空格內。

(i) 實務型

喜歡機械操作，喜歡使用工具或實物工作，或作體力活動。很着重活動和工作的實際效果。性格穩定、溫和、順從、實際。

(ii) 考究型

喜歡科學和數理類等學科，表現也優異。喜歡以觀察、分析來解決問題。愛獨立思考，個性好奇、理性，有自信。

(iii) 藝術型

喜歡藝術和創作。喜歡用文字、音樂、色彩等媒介來表達思想、感情。語文能力高。性格富創意、情感主導，好內省，有直覺能力。

(iv) **社交型**

關心別人的感受和需要，喜歡經常與人接觸的工作，或幫助他人解決問題。人際技巧和語言能力都強。個性友善、仁慈、樂觀、好助人。

(v) **企業型**

擅長策劃、管理、領導。與人相處，喜歡支配、影響他人。有自信、野心、外向，性格樂觀。

(vi) **常規型**

注意細節、規律。喜歡資料整理、文書、計算方面的工作。個性服從、謹慎、保守，有條理。

(a) 最接近你的類別為　☐ 型

(b) 其次為　☐ 型

(c) 再其次為　☐ 型

(d) 最不接近的類別為　☐ 型

2 以下列出人格類型或職業興趣，與工作的適配關係，或可幫助你進一步去探索自己的職業方向。請細心閱讀。

人格類型	**典型職業**	
實務型	汽車修理技工	油漆技工
	電子技術員	倉務員
	音響控制員	首飾鑲嵌技工

	電器維修技工	廚師
	海員	巴士司機
	牙科技術員	機械操作員
	汽車維修員	土地測量人員
考究型	飛機師	環保工業人員
	醫務人員	電腦程式員
	X 射線技術員	品質控制技術員
	學者	研究助理
	實驗室測試員	視光師
	化驗師	市場調查助理
	工程師	天文台科學主任
	城市規劃師	傳媒工作者
藝術型	時裝設計師	攝影師
	廣告撰稿員	演員 / 戲劇導師
	室內設計師	建築師
	舞蹈員	畫家
	音樂演奏家	歌星
	時裝模特兒	美術設計師
	編輯	作家
社交型	記者	教師
	護士	警察
	接待員	社工
	活動助理	節目統籌
	調酒師	青少年工作者
	救生員	運動教練
	福利工作員	空中服務員
	輔導員	臨牀心理學家

企業型	成衣買辦	營業代表
	經紀	信貸分析員
	旅行團領隊	市場調查員
	人事經理	行政助理
	採購員	銷售經理
	行政人員	餐館經理
	售貨員	推銷員
常規型	文員	祕書
	核數員	資料輸入員
	銀行櫃台員	會計文員
	收銀員	管理人員
	圖書館管理員	保安員
	辦公室助理	票務員

當然，前述的資料，只能作初步參考。讀者如有興趣深入認識自己的職業取向，可借助下列途徑做測試：

1 *Dictionary of Holland Occupational Codes*（Odessa, Fla.: Psychological Assessment Resources, c1996.）.

2 鄧淑英、黃嘉儀等著《玩創未來》「職業性向測驗」。

3 http://www.self-directed-search.com，可繳費作一個 SDS 的測驗。

4 青年就業網絡的職業性向測試
http://yen.hkfyg.org.hk/yen2009/lifeplanning/test.php

五年路向

1 有了上述的自我了解，如果按着你個人的性向、職業興趣等方面的認識，你覺得自己最適合投身哪個行業？

2 請初步擬訂一個五年計劃。這五年內你的人生目標可以怎樣付諸行動？

(i) 如何評估外來的聲音？

(ii) 如何處理內心的呼喚？

(iii) 如何聆聽上頭的聲音？

(iv) 如何學習與人相處？

(v) 如何按自己心中理想的職業，裝備自己？

3 五年後我理想的職業是什麼？

(i) 理想行業

(ii) 在這行業我可以勝任的崗位

(iii) 我心目中想投考的公司和職位

延伸閱讀

計劃人生嗎？這些書可以幫助你：

1. 鄧淑英、梁裕宏：《創路達人の從零開始》。
2. 區祥江：《我做工？工做我！——工作與自我的雙向旅程》。

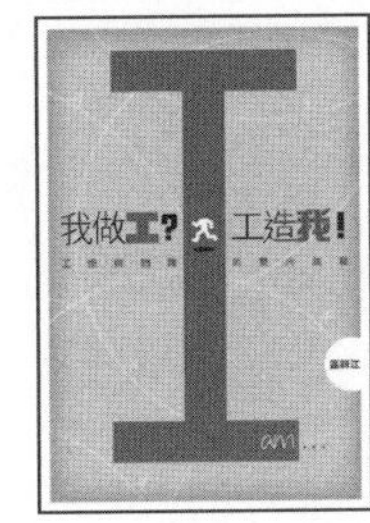

踏出夢想第一步

穩住立腳點，走下去

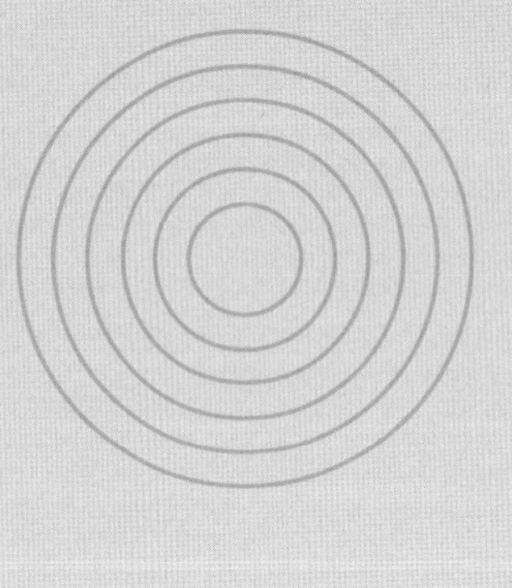

對年輕人來說，五年的日子可算相當長，要展望更往後的路向，看來有點不切實際。不過，話說回來，在踏上前路之先，要是對將來的遠景有個初步構想，還是有它的作用的。

這一刻，雖然志輝對下一步該怎樣走，還未有什麼具體的計劃，但是起碼他清楚知道：第一、上帝對他的愛是真實的。因此，他在計劃人生的路向時，不願意把上帝摒除於自己的計劃之外。他要求自己的計劃，能夠配合愛上帝愛人這個大方向。其次，他覺得「天生我才必有用」，要認真地發掘自己的喜好、專長，好好地加以培育；更要找一個適合的工作崗位發揮所長，積極地過這一生。

我陪伴志輝一起反省、探索，作了多方面的考慮。最後他覺得自己可以在攝影和美術兩方面尋求出路，並且初步定下了一個五年計劃，以當攝影師為具體目標。儘管有了方向，志輝對於怎樣起步，還是覺得相當模糊不清；而且前路看來困難重重，心中不禁有點膽怯。

於是，在起步之前，他下了一番工夫，細心考慮下面幾個因素，而沒有憑着一股傻勁，盲目地開步就走。

如何作出短期計劃？

計算「本錢」

雖然對攝影很感興趣，但志輝卻從未接受過任何訓練。過去工作幾年他沒攢錢，自問也不可以全無工作收入，接受正規的美術或攝影訓練；而以他的學歷、工作履歷來説，也肯定找不到一份與攝影師一行相近的差事。在個性方面，他也覺得自己不夠自信堅強；幸而信仰對他有很大的鼓舞作用。

我和他一起探討的時候，老實説，起初也有點擔心他本身資源上的種種限制。他給我的印象也是個性不夠堅強。他講起話來，有時也不敢正眼望人，聲線有點柔弱怯懦。不過，我慢慢察覺到他眼神流露出盡力一試的決心。

重估助力

志輝本身的資源雖然有限制，但是他有信心可以克服部分困難。他打算日間繼續工作，薪水除了支付生活費，部分可以撥作晚間進修攝影和美術課程之用。接着，他想到可以向外借取資源。

首先是他的家。家裏固然不會干預他的計劃，事實上跟他要的家用，也比以前減少了，但也決不會給予什麼經濟或精神上的支持。當他向家人表示想學攝影、美術，他們關心的，只是日後學成，可會增加收入。

其次是女朋友。志輝的女朋友情緒一向都不大穩定，對他的感情也是若即若離。不過她一直都贊成他進修。至於男朋友是不是該在攝影這方面發展，她卻表示沒有意見。

至於其他同儕，在他的中學同學或同事當中，志輝並沒有交上可以談心的知己，難怪他經常有點孤單感。反倒他信了耶穌之後，定期到教會參加主日崇拜和週六晚上的青年團契，在教會中和幾個年紀相若的信徒相熟起來。他們也主動地對他的前路表示關懷，為他祈禱。對志輝來說，這是意想不到的收穫，心中多了一份暖意、助力。更叫他驚喜的，是在學習讀經、祈禱的過程中，經歷到一種嶄新的力量 —— 他自覺鬥志比前強了，而且對生命好像多了一份盼望。

我一直是他的支持者。自從在生活營跟他相識，他經常和我保持聯絡，也向我坦誠傾訴內心的掙扎。我儼然成了他的導師、輔導員，從旁協助他了解自己更多；無論回顧與前瞻，都可以作更清晰的檢視。我相信自己對他探索人生有一定的幫助，而他的成長無疑也化作我的鼓勵。

人不是孤島，上帝造人原是計劃人彼此守望相助。每個人都有他的限制，能夠互相扶持、砥礪，實在是美事。沒有人一生的路是完全平坦的，所以在朝着人生目標進發時，尤其是經過幽谷或攀登高山之際，都需要從上帝、從人而來的援手。

免不了冒險

一般人都有安於現狀的心態，因為任何的轉變都帶有某種程度的冒險。

志輝雖然對現狀有點不滿，但是單調的生活也有它的吸引 —— 總算安定。改變人生路向，會帶來過去沒有的壓力：自己的能力足以應付進修的課程嗎？這樣投資精力、時間、金錢，是不是值得呢？即使學成，可有保證一定找到適合的工作崗位？況且要求工作崗位與人生目標相符，似乎冒險成分更高了。再加上家人和女朋友都好像不曾表示大力支持，更增加了後顧之憂！

志輝在心中左右盤算，覺得這些顧慮不是沒有根據的。不止一次，他差不多想放棄了：「唉，安分守己，平平淡淡地過日子吧！何必自尋煩惱呢？我的同事何嘗不是這樣生活。是不是自己太不切實際呢？」

最有自信、最有理想的人，都會有猶豫、躊躇不前的時刻。最簡單、安全的做法，就是埋葬自己的夢想和理想，讓日子一天一天地過去，也不再問人生目標這類抽象的問題。

在人生的成長中，免不了冒險，躲不開痛楚。探索人生路途的青少年，在反省、計劃時，必須有冒險一試的勇氣。

可是志輝內心的呼喊，愈來愈嘹亮，叫他不能不正視；而且從上頭而來的聲音，也日漸比前清晰。他不是個天生愛冒險的人，但是他知道停滯不前，才是最大的冒險，因為這樣就容易渾渾噩噩地糟蹋了一生。他深知自己會因此終生遺憾。

他想：「就冒險一試吧，起碼我可以跟自己作個交代 —— 我試過了！就算受點挫折，也不一定無益。」

有時我覺得志輝有點過慮，但也欣賞他態度認真，因為輕率盲目地往前亂闖，絕對不值得鼓勵；而且他心理上早作準備，遇上挫折就不會方寸大亂，或沮喪過度。

在人生成長的途程中，一定免不了冒險，也不能躲開痛楚。尤其是探索人生路途的青少年，在詳細反省和計劃之餘，必須有冒險一試的勇氣。

行動 踏實的第一步

俗語説：「萬事起頭難。」踏出第一步，總是叫人戰戰兢兢，疑慮重重，簡直舉步維艱。但是邁開第一步，穩住立腳點，就能加添走下去的信心。

志輝的個性比較穩重，不敢跨出太大的一步，所以決定不辭退收入穩定的工作，以解決暫時經濟的需要。不過他心裏有數，有一天還是要換過一份工作，好朝着當攝影師的理想走得更近。

在進修方面，志輝也決定先選一科自己有點把握的攝影課程。他明白課程要是太吃力，他會應付不來；但難度不高，也恐怕得益不多。他選的這個課，作業量相當大，他覺得這也是個考驗自己的好機會。倘若真的第一次出師便受挫，他會重新考慮自己的路向。

來到付諸行動的一刻，我給志輝的幫助不大，因為我對攝影是門外漢，對他的攝影水平根本評估不來，也無法向他推薦某個課程，或鑑定訓練課程的優劣。不過要達至理想，總不能反復盤算，空有計劃卻裹足不前。我覺得他這一步相當踏實。倘若他太過冒險，嘗試一步登天，我反倒替他擔心。

評估，前進；再評估，再前進

志輝經過好一番掙扎，才踏出可能扭轉他人生路向的第一步。這一步距他的長期目標還很遙遠，但是他心中已感到興奮。他固然投入晚間的學習，而白天那份沉悶的工作，也好像易抵受多了，連時鐘也好像比以前走快了。他的生命有了改變，洋溢着生氣，我為他感到高興。

第一個攝影課程為期半年。有一天志輝帶着微笑，眼角閃爍着滿有盼望的光采來找我，還跟我談起這半年來內心的感受。我發覺他講起話來聲調較前高昂了，特別當他提到老師在班上當面稱讚他的作業那一刻，他無法抑壓內心的激動。他認為這半年過得真快，雖然生活比前幾年都要刻苦，有時為了趕交功課，甚至要「開通宵」，不過卻有一股不知從哪兒來的幹勁，叫他堅持下去。

我慶幸自己沒有被他以前那種怯懦、無奈的表現，影響了我對他的評價。有一個時期，不單他想放棄，我也差點想澆他冷水。志輝的經歷讓我明白要對他人的夢想多加尊重，也要盡力聆聽他人內心的呼喚。我不願意自己成為扼殺他人理想的劊子手。

第一步有這個成績，叫志輝更有膽量去構思下一步。我也佩服他的果敢：他決定放棄原有的工作，另覓一份兼職。無疑收入會減少，他卻有更充裕的時間去進修攝影、美術，縮短學習的日子。他決心要先充實自己，再向心中的行業進軍。

兼職工作並不容易找，他終於在以前工作過的工廠找到一份。當年他是因為厭倦了才離去，今天他卻欣然再跟那部他曾經生厭的機器打交道。

他與女朋友見面的機會比前更少了。他本來有點擔心，恐怕自己如此投入學習，可能會把女友冷落，惹來對方極度不滿。奇怪的是，他們之間的爭吵反倒少了。一來由於他倆沒有時間吵架；二來，女友也受到他的朝氣和動力感染，而且更對他的攝影作品產生了興趣，兩人比前談得更投契了。志輝沒有想到與女友這段情，竟然會跨進一步。

半工讀了一年，志輝覺得自己已有勇氣往攝影這行業闖一闖。他知道自己沒有這方面的工作經驗，而且接受的訓練也很有限，所以不敢要求過高。結果他在一所出版社找到一份「百搭」的差事，既要協助美術部作簡單的設計工作，還要負責跑腿送急件；偶然也有機會協助拍攝雜誌要用的圖片。這兒的薪水很少，比以前當工廠長工還差了一截。但是志輝很滿意，好像又朝自己的理想邁進一大步。

這個故事還未來到終場，志輝在那所出版社工作了一段日子。他因為有份參與出版健康的兒童、家庭刊物，知道自己在默默服侍一羣讀者，覺得這工作很有意義，他十分喜愛。雖然不是面對面與他們接觸，卻是親切如鄰舍般。他晚間繼續進修，仍是以攝影為主修課程。不久以後，上司覺得他的攝影技巧比前成熟，作品也漸見內涵，就有意派他擔負更多攝影任務。當然，他還未晉升為美術部的攝影師，但離開那一天不遠了。

至於志輝的女朋友，她中學畢業後也面臨男友昔日的掙扎。志輝以過來人的身分給她支持與鼓勵，深盼她毋須像自己一樣，多走冤枉路。

這對年輕人勇於面對人生，又能學習彼此扶持，教我深感欣慰。願他們探索人生方向的經歷，也可給你一點啟迪或提醒。

從過來人身上學到什麼？

1 讀畢志輝尋路的掙扎、努力，你個人有什麼觀察和感受？

2 他的經歷對你探索人生目標，有什麼啟迪或提醒？

3 你有沒有可以與你同行的同路人或生命導師？他可以怎樣幫助你？如無，可以怎樣尋到？

延伸閱讀

有關生涯規劃的參考書，可以參考：

1. 查理．賴德（Richard J. Leider）（1997），陳淑惠譯：《生涯規劃與生活技巧：主宰你個人和職業的成長》。
2. 黃惠惠（1998）：《邁向成熟——青年的自我成長與生涯規劃》。
3. 洪鳳儀（2000）：《生涯規劃自己來——做自己生涯交響樂團的指揮家》。
4. 林綺雲、李玉嬋、李佩怡、李詠慧（2002）：《生涯規劃》。
5. 鄭贊嘉編著，張添洲審訂（2006）：《生涯規劃》。

整合我的地圖

一點一點感動，一步一步計劃，走近夢想

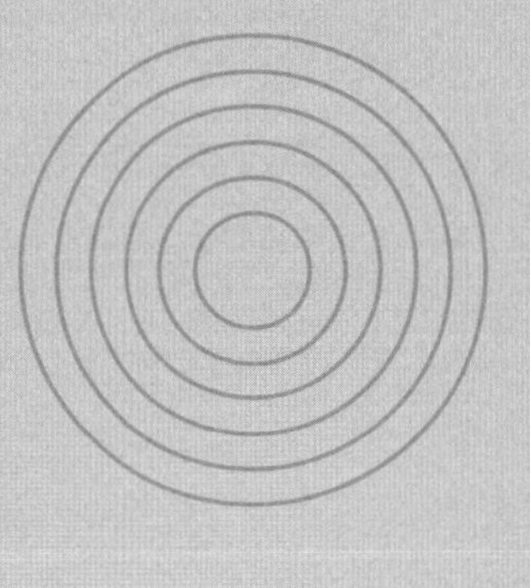

> 你對目前的工作、生活方式、人際關係，以至人生目標感到滿意嗎？

志輝探索人生方向的故事，相信是許多年輕人的寫照。我依然相信每個青少年都對人生有一定的期望，盼望你能就自己一生的目標，再作深思，重新整理前路的長期、短期計劃。

從反省現況開始

長遠計劃當從大處着眼、從遠處入手；但是反省卻最好從現況作起點。

你對目前的工作崗位、生活方式、人際關係，以至自己的人生目標感到滿意嗎？

誠然志輝尋路的經歷，令人鼓舞，不過我並不認為人人都要轉行，才能找到人生的新起點；相反，不少人換工作只是規避問題的表現。他們對現況不滿，卻不肯花時間去查究底蘊，動輒下結論説，工作不適合自己；又或者把責任推給家人或朋友，滿腔埋怨自憐：沒有人能了解我！沒有人關心我！

迷失的天使

我認識一個年輕的護士學生，她進入護士學校不過一年，已經嚷着要離開；可是當護士卻是她從小便有的志願。自中一那年起，她已經夢想成為「白衣天使」：南丁格爾的傳記叫她深深嚮往這「神聖」的行業；作文課遇上「我的志願」這個題目，她必定表白自己有志投身這崇高的行列。

可是經過一年的訓練，她驚覺夢想將要破滅。原來身處病房竟是另一回事：病人隨地嘔吐不說，大小便拉得、撒得滿牀都是，叫她感到骯髒難抵；還有，要為病人擦身，教她尷尬萬分。上司毫無妥協的要求、不留情面的態度，都不易忍受；更難堪的是，病人竟然也會向她發脾氣，病人家屬更是諸多怨言；再加上要輪班當值，生活經常日夜顛倒，身體、精神都要適應，連親友也難得一見，有「斷六親」的感覺⋯⋯

「天使」的生活竟是如此難受嗎？她心底裏感到迷惘、失落，好不煩躁。

原來過去她對護士這行業的認識太膚淺，想法也太天真了，夢想和現實確實有點脫節。在家裏，父母一向寵她，雖不至於「十指不沾陽春水」，卻也不必為家中大小雜務操心，只須專心把書唸好，就算是父母眼中的「乖女兒」。她是在溫室中長大的。

是不是在溫室長大，就當不成護士，擔不來這種既艱辛，又要求犧牲精神的工作？那也不然。許多好護士過去不也是「嬌嬌女」出身？

其實這個女孩子投考護士的動機純潔，經過「震驚」這個階段，尋常不過。這也是許多護士學生經歷過的。護士訓練本身就是一種品格的操練，在其中要學習守紀律、忍耐、處事敏捷機警，善解人意；還有待人以寬，責己以嚴……要在這種熬煉下生存，一定先要自己信服，確定這種服侍工作的意義重大。如果純粹以自己的舒適安逸為大前提，天使的召命早晚都會淪為「厭惡性」行業。（這也可應用到所有服侍人的工作崗位，如教師、社工、司機、清潔工、侍應生、售貨員、輔導員等。）

這個護士學生展望將來，就算考慮轉行，都該正視幾個當前的問題，好好省視自己的答案。

1 我投考護士學校的動機在哪裏？這個行業吸引我的地方在哪裏？這些吸引還存在嗎？

2 護士生涯實況如此，我有勇氣接受這種生活方式嗎？護理制度不完善的地方，不會即時看到改變；上司和病人的態度，也不在我控制範圍之內。問題是：我對護士生活的實況，抱着怎樣的態度？

3 我內在的資源（個性、耐力等）足以叫我作戰下去嗎？可有外來的力量，支持我長期奮鬥？

4 面對病毒變種，在全球肆虐（好像非典型肺炎、禽流感等），我會重新考慮個人安危，才投身這行業嗎？

省思有時會帶來不同的抉擇。不過，在許多情形下，經過深入的反思，重估現實情況，學習接納暫時無法改變的難處，以及重新確定自己工作的意義，會叫本來消沉的鬥志，再度挑旺起來。

你不會稍遭挫折，便改變或放棄你原有的夢想和理想吧？你當下所處的崗位，可能正是未來人生一個最好的起點。

黑夜也可歌唱

在「突破」與我並肩作戰十年的蘇恩佩，在 1982 年復活節息了地上的勞苦，回到天父的懷中。她的遺作《死亡，別狂傲》，為不少對人生感到沮喪的年輕人帶來激勵。恩佩在年輕時患上癌症，她也帶着這個病活了二十年。二十年如一日，她讓自己的生命為上帝燃點、為青少年燃燒。她的筆桿沒有一刻停下來。工作看來單調重複，編輯、寫作生涯也難免有刻板的一面，她沒有因而感到厭倦嗎？

恩佩確有灰心氣餒的時刻，也不止一次覺得疲倦，想退下來。但就是那次留醫至離世，她還是在病牀上搖動她的筆桿；在臨終的病榻上，仍在與她心愛的青年人談心。她在《死亡，別狂傲》一書，引用一首心愛的詩歌，去表白自己為誰而活：

「我見一人身懸十架，流血痛苦難當，
當他倦眼向我一看，我就靠近架旁。
主是為我捨命十架，何等痛苦難過，
我今奉獻為主而活，因他受死為我。」

她的一生是為她所愛的基督而活。

二十年來，她生活在苦難病痛中，但仍迸發驚人的生命力。她自己有這樣的詮釋：

「就是『身懸十架』那個人向我重新詮釋了痛苦。他憔悴的臉容、乾癟的身體具體地説明他與人類苦難完全的認同。十字架是個令人顫慄的符號。那個人永恆地將死亡判了死刑。

那個人給我的生命賦予意義。」

她的墓碑刻着《聖經》這一節經文，也是她一生的體認：

「他對我説：『我的恩典夠你用的，因為我的能力是在人的軟弱上顯得完全。』」

〈哥林多後書〉12：9

人生難免有沉鬱迷惘的時刻，軟弱或挫敗的經驗，甚或困難、苦難重重。要活得充實、有意義，在乎你如何正視現實，勇於改變可以改變的；接納無法變更的，以及肯定自己所作的。

從反思開始

請花少許時間反省一下自己的現況。

1 是什麼賦予你生命的意義？

2 你滿意自己持守的人生目標嗎？

3 你當下的工作崗位，與你的人生目標相符嗎？

4 你對現職有什麼不滿？

5 如果要妥善處理這些不滿，你認為該學習接納；尋求改變？抑或轉換工作崗位？為什麼？

辨別四方八面的聲音

聲音給人的影響是潛移默化的。我們給家庭背景、社會標準、內心情慾，或諸般的夢想牽制，往往不自覺。其實，每個聲音都可能帶來正反兩面的衝擊。要是你可以辨別這些聲音的來源，細察其中所含的信息，你就可以更開放自由，作出適切的回應。

心理分析學家認為，人不能擺脱家庭背景的影響和情慾的枷鎖；行為心理學家卻認定人處於被動，只能對環境的刺激作出不由自主的反應。我卻相信人有選擇的自由，可以決定如何對內在、外來或上頭的聲音作出反應，有明智的抉擇。

「You have a choice！」

你曾寫下你的人生目標（頁 140），又釐訂了一個初步的五年長期計劃（頁 145），現在你可知道是什麼聲音，在有形無形中，塑造了這些目標和計劃？

我聽從什麼聲音？

1 請用下列表格重溫一下「聲音導航」這幾章的內容。

無論直接或間接，正面或負面，每個聲音對你的人生目標、計劃都有影響。請在下面的空白處把這些影響扼要地寫下來。

外來的聲音：

	正面影響	**負面影響**
父母的期望		
社會的標準		
朋輩的壓力		

內心的呼喚：

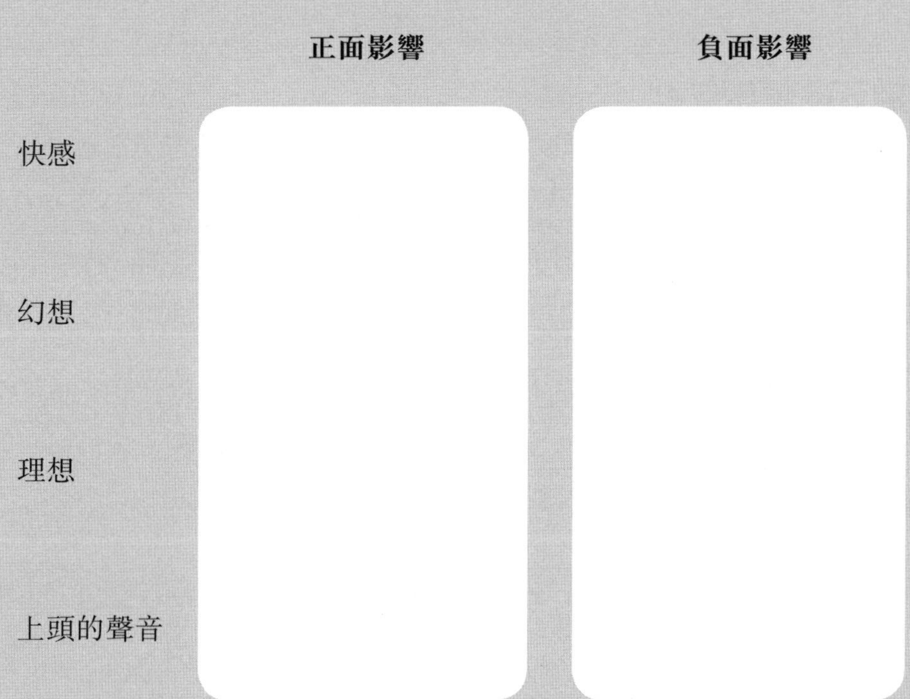

2 有好些聲音帶來負面的影響，你想擺脱哪些影響？有擺脫的方法或步驟嗎？

3 你可覺得從上頭而來的聲音依舊若隱若現？你願意多學習聆聽上帝的話語嗎？

4 你可曾考慮過與熟諳《聖經》的基督徒一起研讀上帝的話？

當你今天仍在人生起點，做夢仍是你的權利。

定下長短期計劃

許多人過了大半生才猛然醒覺時日無多，這才急於反省，重整餘生；對於已逝去的日子，只有不勝欷歔的感歎。更有人一生之中從未回顧，更不及前瞻。

當你今天仍在人生起點，做夢仍是你的權利，我鼓勵你將夢想化作可以實踐的理想，再按照你的理想擬定一個五年的長期計劃，並且細心釐訂一個又一個短期計劃，逐步實踐長期目標，成就心中理想。

志輝是一個普通不過的年輕人，本身有許多限制；但他敢夢、想飛，勇於摘星。他多次作出自我反省，也去請教有人生經驗的人，花了好幾年時間，心無旁騖，朝着長期目標進發。他的努力是你和我的榜樣。

雖然這一代好像沒有幾個韓馬紹、德蘭修女，不過他們也與普通人一樣，經歷過掙扎，才走出自己的路。蘇恩佩的生命更是寫滿了病痛、患難與奮戰。這些人都有一個共同點，就是他們肯花時間尋求、聆聽從上頭而來的聲音。

不是人人都要有矚目的成就，要緊的是我們一生可有努力過。像志輝一樣，你和我都夠格做個摘星星的人。

你把五年的長期目標和短期計劃作出修訂前，不妨把你的夢想、反省所得，甚至是你的恐懼、焦慮，感到興奮的地方，與幾個知己傾談，聽聽他們有什麼回應。倘若你認識一位閱歷豐富，又可以信賴的導師或輔導員，也不妨向他傾訴內心的掙扎。

還有，無論釐訂長期或短期計劃，不要忘記：

1 計算本錢；

2 重估助力；

3 免不了冒險；

4 行動，踏實的第一步；

5 評估，前進；再評估，再前進。

重整長期/短期計劃

1 五年後，即 20 ______年（請填上年份），我預期達成的具體目標

(i) 工作方面：

(ii) 人際關係方面：

2 為了實現上述計劃，我會按部就班，採取下列行動：

(i) (a) 如何充實自己？

(b) 如何實行？

(ii) (a) 積極投入當下的工作崗位

(b) 如何作出配合行動？

(iii)(a) 學習與人相處，特別是

(b) 如何學習？

(iv)(a) 學習從上帝支取……

(b) 如何學習？

3 為自己人生路向，作出長期評估、修訂。

(i) 如何作出評估？

(ii) 如何修訂？

聽，翅膀拍動

夢與想飛行

Lamson／青年工作者

心中一團火

記得當年副學士畢業，打算投身社會，心中一直期盼找一份服侍年輕人的工作。尋索再尋索，碰巧協助教會籌辦的青少年暑期生活營在一個青年機構內舉行，令我猛然醒覺自己一直認識這個服務機構。

我開始留意機構有沒有招聘。可是留意了一段日子也沒有合適的崗位可以應徵。有一天隨手翻閱報紙，卻意外地發現相關的招聘廣告，而且崗位與我修讀的學科有關。心裏本已打算放棄的我，接到這份奇妙的驚喜，急不及待寄出求職信。

之後便加入了這個機構，也以為讓我有機會燃點心中的一團火。

敢夢敢飛的鍛煉

初出來社會工作，要學習的東西很多。畢竟是人生中第一份正式的工作，在工作態度、技巧和時間管理上都要下一番工夫。我工作的位置主要是接待處，在這崗位我接觸到很多不同種族、年齡、性格的生命。雖然有機會接觸青年人，卻和心中的一團火好像有點距離。於是在工作中我不時思索自己的召命與方向，也向上帝尋求祂的聲音。

在工作中，有機會安靜、退修，與其他同工生命的交流，令我一次又一次反思自己的生命與異象。我漸漸明白到，服侍年輕人並不簡單，原來自己的生命必先好好整理一番，才能承載得起其他人的生命。原來由敢夢到敢飛，當中必先經歷對夢想的反思、認定目標的沉澱過程，才有飛翔的方向。我亦反思，原來工作範圍並不是可隨意按着個人喜好去安排的。所以在各種工作過程中，我也不斷提醒自己要好好珍惜每一次學習機會。

一次機構舉辦青少年營會，邀請我協助，這對想與青少年接觸的我，絕對是個夢。我感到是上帝叫我夢境成真，使我一步步接近夢想。

夢與想飛行

因着這次營會，我得着很多鼓勵，也被不少青年人的生命觸動。這些都成了我生命中一次很大的迴響，使我再思工作的方向，我更清晰要在機構中學習的方向。於是我決定申請工作崗位調動，讓我可以更了解如何服侍青少年。

申請調部門的經過不算順暢，第一次獲得的回覆是暫時未有合適的崗位。心中有點亂了陣腳，惟一能做的就只有等候。想不到後來出現了一個我很期待卻又自覺能力不足的崗位——協助青年創路的課程，令我的夢想終於可以起飛。

沿途的風景

在新崗位上，主要是擔任課程的小組導師及策劃青年組織的發展，還有籌辦學習營會及活動，對我都是新挑戰。

這工作讓我更深體會何謂服侍青年人。確實服侍青少年的路，是一條漫長而且很花智力、體力與心力的崎嶇路。眼見身邊的同路人在這路上用心的付出，鼓舞了自己。而為了作更好的裝備，我進修學生輔導專業文憑，希望學習更多輔導知識去服侍青少年，從中也再一次檢視自己的生命。希望我可以在崗位上延續服侍青年人這個呼召。

未完的話

這書的最早版本寫好時，心中有點擔心，在這個「快餐時代」，也許你本打算在乘坐地鐵時速讀一兩頁書，但這書卻要你安靜下來，集中精神才能盡收裨益。

這書要求你坦誠面對自己，虛心地自我反省。而且我相信把腦海浮現的思想扼要地記錄，對省思會有幫助。倘若讀到這裏，你還沒有把自省的心得寫下，那麼請你趁着印象猶新，無論感想多麼零碎，也在本書預留的空間，把它們摘錄下來。

省思人生是個畢生的課題，當然沒有可能一下子便處理妥當。隨着人生的閱歷，反省也會日益深入。這書只不過把我個人的經驗，和他人的反省經歷，給你作個借鏡而已。沒有兩個人的人生歷程是完全一樣的。他人的足迹只能充當你探索人生的參考、榜樣或鑑戒。

我也提醒你好好收藏這本書。這書裏面有你親手寫下的心聲，揭露了你的內心世界，不該隨便借給人閱讀，因為。你手上這書不再是一個作者執筆的書，而是你和作者合作寫成，是你的個人版本。

雖然這書要好好收起來，卻不要埋藏其中的寶貴片段。我鼓勵你一嘗分享的滋味。最好找來兩三個知己，大家一起按這書的指示，分別去反省自己的人生；然後再聚首一堂，互相分享內心的感受。我相信知己能幫助你深入探討人生這課題。有人分享、了解，又支持自己追尋人生的理想，是一種福氣。如果有人坦率地指出自己的理想不切實際，並提出建議，更是難求。

初版修訂後

在這書的〈初版前言〉，我曾提及沒想過它會再生；更意想不到的，是它再生的過程並不簡單。起初以為只須稍作修訂便行，哪知道後來竟是大幅度改寫。

回想昔日寫作，自己純以輔導員的觀點執筆，關注的是本地年輕人個人尋路和創路的過程。如今，置身二十一世紀地球村巨變的時代，加上自己又多了一個「青年事務委員會」主席的身分，視角比前有了改變，覺得也要從經濟和就業結構轉型的角度來思考整理，讓這書有一個較宏觀的視點。

此外，又與讀者多分享一些真實的生命故事，以及自己尋找召命的過程。這些故事，可有觸動你的心弦，或啟動你的思考？或者你也認識好些真人真事，甚至另類的工作生涯體驗，不妨與我分享。

為了讓讀者認識進修就業的途徑，這書特地附上與持續發展、進修，以及就業相關的資料、參考書籍，希望讀者明白這年頭可走的路，又寬又廣。

感謝這書初版的編輯楊碧瑤小姐所作的建議，和編務工作。吳美姿小姐（我的「青年事務」助理）為這書的附錄花了不少功夫搜集資料，我也要一併致謝。

工作生涯規劃是關乎一生的事，深願這書能成為年輕人開展自己路程的起點，也化身為一路作鼓舞、支持他們的同行者。

在卷首，我作了簡略的自我介紹，現在你看完這書，可對我這個作者認識多了一點？

那麼，我想問，因為我有興趣知道：你是誰？你願意的話，歡迎給我寫幾句話，讓我也知道讀這本書的，是個怎樣的人。期望收到你對這書的回應，讀到你的生命故事。（email：cywbook@breakthrough.org.hk）

附錄

附錄 1

三個男人的理想馬拉松

對有些人來説，探索人生前路，找到自己的定位，並不是太困難的事，因為一切來得好像理所當然。反之，有一些人，路途險阻，兜轉了好幾回，才尋到自己終身的職業或召命。

這兩種人，我都碰過；更慶幸自己也認識不少既找到方向，又能日復日、年復年堅定上路的人。他們眼裏閃着光采，臉上流露出滿足的喜樂，不言不語也能感染着身邊的人。

我常暗地裏問自己一個問題：是什麼力量支持這些人堅毅上路，為理想長跑；即使面對逆境，經過幾番迂迴，仍然穩步向前？

我想，下面三位人物的經歷，都對我的疑問，作了獨特的詮釋。

背離不了單車夢——黃金寶

我跟黃金寶見面，是在《摘金背後——十個運動員的成長故事》這書的發佈會上。書內有一篇訪問，記錄了這位「香港車神」的成長經歷。

那次，我有機會跟他作了短短的交談。到了今天，我仍記起他的笑容：既謙和又充滿自信。

當年，黃金寶跟本地許多不愛上學的少年一樣，經常逃學，整天閒盪或到處「單車飄移」。他初中沒唸完，就給正規教育摒諸門外，到酒樓當學徒。

愛單車運動的他，隨從內心的呼喚，追逐自己的夢想，於是參加了政府舉辦的單車訓練計劃，運動的天分就給發掘出來。自此，他給自己設定一個目標 —— 在單車這項運動創出滿意的成績。

1990 年，十七歲那年，他入選香港隊，參加亞洲青少年單車錦標賽，取得佳績；同時，也成為專業運動員，前景一片美好。不料，因一樁毆鬥事件，他無辜受牽連，被罰停賽一年。這個年輕小夥子一下子陷進深淵。後來，他到法國逐夢，卻得不到受造就的機會，失意更失落。

不是有了一生奮鬥的目標嗎？為什麼理想竟告幻滅？黃金寶退出了香港隊，連心愛的單車碰也不碰，讓它塵封作罷。他一度修讀電子技術課程，並在電子零件公司當技工，看來與夢想仳離了。

1993 年，他的生命出現了一個轉捩點。他與良師重逢，教練鼓勵他不要放棄自己的興趣和理想。有伯樂，而後有千里馬。教練給他的肯定、挑戰，加上嚴格的操練，黃金寶的單車運動生涯走上另一高峰。其間，他的信心、意志、技術，都一一經受磨練。黃金寶始終沒有背離自己的理想。終於，他如鷹展翅上騰，屢創佳績。

其實，單車競賽也不單靠個人的技術和體能取勝，還要加上隊員的支持和配搭。我曾在熒光屏上看到感人的一幕：當時黃金寶正夥拍隊友作賽，他靈巧地掩護隊友，讓隊友有機會突圍而出，勇奪金牌。他們之間那份默契，成熟、無私的心，觸動了我。

過去幾年，黃金寶一直保持操練，沒有因年紀漸長從競賽場上退下來；更感人的是對師弟師妹的愛護，為他們提供指導、加油打氣。這羣師弟師妹已在 2009 年的東亞運動會及 2010 年的亞運會中屢創佳績。

最感人一幕在 2010 年亞運男子公路賽出現，黃金寶成為各國選手針對的車手，在 180 公里的賽程拚至最後一刻，衝線時韓國車手竟犯規，攔阻了黃金寶未能首先衝線，韓國車手得了冠軍。最終經上訴，韓國車手被褫奪獎牌，黃金寶以 37 歲的全場最高齡車手奪得金牌。我反復觀看這個震撼人心的競賽片段，心中說不出的振奮。

黃金寶，你的表現鼓舞了新一代尋路的人！

一生一使命——謝文策

謝文策是我在「突破」的同事，資深青少年工作者，同行已有四分一世紀。

他為人樸實真誠，從不多言，但幽默風趣；臉上常掛着溫煦的笑容。他最愛與青少年結伴上山，探索大自然，建立他們內在的生命。自 1978

年加入「突破」工作，轉眼已有二十五年，他默默服侍、影響了好幾代同事、義工和年輕人。

我忘不掉第一次與他會面的情景。他眼神堅定，誠懇地跟我説：「我願意投身青少年工作，希望在『突破』服侍十年。」原來早於數年前，他深感自己能大學畢業，全是上帝的恩典，就作了一個感恩祈禱。不久以後，他在一次睡夢中，清晰地聽到上帝的呼召，要他去服侍本港的青少年，雖然當時這族羣對他極為陌生遙遠。

他順服上帝，欣然上路。十年過後又是另一個十年，差不多三個十年，熱情不減，風采依然！

起初，他只是負責一般性的讀者活動，但路愈走愈寬，後來就連民歌、話劇、野外活動、福音營也包攬在身，也鋭意栽培青少年工作者。近年，更老遠跑到國內的四川，為的是幫助本地青少年與內地的年輕人「接軌」。這二十多年來，他根本沒有時間、空間去想別的。

這些年間，我從沒有看見謝文策質疑自己的召命。他有一顆單純的心，完全信靠那位呼召他的上帝。「突破」經歷過多少的艱難與風浪，他一直都是那麼平靜、安穩。

他熱愛大自然，每次上山總是如履平地，健步如飛，神采飛揚。他能道出每座山的名字；每塊石、每棵樹都好像是他的老朋友。我知道創造主常與他溝通，加添他的心力。

每次他走到青少年當中，眼睛便會發亮，真情流露，甚至創意迸發。有一次跟他到訪四川一個山區，與一羣彝族的青少年見面。雙方因語言隔閡，無法溝通，文策引導他們把自己的夢想寫在紙上，再把紙摺成一架架飛機，然後讓紙飛機載着夢想在空中飛揚。那刻，我深深感受到這羣年輕人的雀躍，不是出於一時的興奮，而是生命的盼望給重新燃點起來，心中充滿喜悦。

我有機會陪同文策到天水圍觀察及參與該區的青少年培訓。謝文策帶領一羣同工及義工，用幾年時間培育該區的少年人 ——「天 teen」逐步成長，並且每年在天水圍主辦「青年節」，發揮他們關懷社區的力量。在一個家長會席上，這羣「天 teen」的歌、劇，及生命分享，叫不少在座的家長感動落淚。我看見謝文策滿足的微笑。

意想不到，2008 年，突發的心臟病使文策還來不及向親友及青年人話別，便回到天父的懷中安息。在安息禮拜及追思會席上，家人、兒子、同工、義工，及眾多的青少年含淚表達他們的愛與敬 —— 謝文策一生與青少年同行，無憾！

文策，你那常青不老的生命燃亮了許多人，更叫我堅信青少年工作可以成為畢生的召命。今天你雖已進到天家的榮耀裏，仍然觸動我們的心！

是醫生也是病人 —— 吳家榮

我在一個醫學會議上認識吳家榮。這個傑出學生，在大會上分享他與死神搏鬥的故事。

吳家榮在十三歲那年發現自己染上骨癌，既要動手術切割大腿，也要接受為期長達大半年的電療和化療。人生剛起步便走進死蔭的幽谷，打擊當然沉重。

就在最惶恐、昏暗的日子，吳家榮嘗受到愛的力量。母親辭去工作陪伴他；老師同學支持他；醫院的醫護人員不但悉心照料，還照顧到他別的需要，例如替他慶祝生辰。（他怎也意想不到，連休假的醫生也會專誠到醫院走一趟，為的是陪他下棋。）可是，日後自己會不會痊愈、康復？他一概不曉得。最後，卻是安然地從死亡的網羅裏掙脱出來。

少年的吳家榮，跟死亡打了個照面，驚覺生命原來有一個期限，不由思索起人生來。他問了自己好些人到青年、中年才會思考的問題：生存到底為了什麼？生有時，死有時，那我的生命可有長期目標？如何珍惜每一天？如何釐訂短期目標、中期目標，同時不忘長期的意義？⋯⋯

病榻、輪椅上的孤寂，有時會「催熟」人的成長。

病愈，他的短期目標是再返校園，重讀中三。這次復學，他比前更勤奮，更珍惜光陰。吳家榮雖然飽受病痛折磨，但也親身體會了醫護人員愛心的祝福。他自小學年代就想當醫生這個志願，就更堅定了——他要行醫，照顧在苦困中的病人。設定了目標，他就有行動。好幾趟，他乘着港大、中大醫學院的開放日，特地跑去作考察。到底唸醫科要求什麼？醫療專業的生涯，究竟是什麼一回事？

他勤奮求學，得到回報。中學會考，考獲八優；高考五優的成績，叫他順利進入大學。這時，他的身體漸趨康復，出入甚至不用依賴輪椅，可以行走。他參加為傷殘人士而設的運動會，在好幾個項目還拿到獎牌。

吳家榮也不是沒有他的困惑、躊躇。他有很出色的數學天分，加上名師指導，屢獲獎項，甚至代表本港參加國際數學競賽。老師疼惜他的天賦，曾勸他唸數學系。他也覺得唸數學該比修醫科來得輕省，而且更得心應手。那麼，該如何抉擇呢？

還是吳家榮的使命感，促使他選擇了一條較難走的路。縱使他沒有這個把握，醫學一定唸得出色，他還是盼望選上的路，能達到自己原來的目標——幫助身邊的人。不單是病人，還有其他要得到扶持、鼓勵的人。

後來吳家榮入讀了醫學院，醫科功課的壓力大，也曾為他帶來煩惱，他還是沒有後悔，而且已逐步實踐助人的理想：課餘，他會應邀到學校與學生交流經驗，鼓勵他們持定人生目標和理想；他又常與癌症病人分享自己抗癌的經歷。不少病人就是因為得到他的鼓勵，重拾與病魔搏鬥的信心。

今天，吳家榮已完成醫學院的訓練，他當年以病人的身分來到屯門醫院，現在，他選擇以醫生身分重返屯門醫院，繼續完成他骨科專科的訓練。

吳家榮雖然失去一隻腳，但是病人不介意他一拐一拐地巡房，他笑着說：會向病人解釋自己的情況，但是「絕不會把整個故事搬出來」，以免影響他盡心應診。

在吳家榮尋夢、起飛之際，得到他當年的主診醫生陳平德亦師亦友地同行，今天成了他的上司。另有一位以心待人的骨科醫生高永文亦是他的良師益友。在尋夢的路上，有生命師傅同行，是叫人羨慕的祝福！

吳家榮，你的故事叫我更珍惜每一天的生命。尋到了人生目標，原來貴在堅持。但願更多的生命給你觸動！

尋找人生路向，人人的經歷不盡相同。堅定心志上路的力量，也各有不同的祕訣。願他人獨特的生命故事，在心中迴盪之餘，能起啟迪、激勵的作用。

附錄 2

創路資訊：進修及就業網址一覽

持續發展及進修

- 學友社升學指南
  http://student.hk/study/index.php
- 毅進計劃
  http://edb.org.hk/yijin/
- HKCyberU
  http://www.hkcyberu.com/
- 香港理工大學——香港專上學院
  http://www.hkcc-polyu.edu.hk/
- 香港理工大學專業進修學院
  http://www.speed-polyu.edu.hk/
- 香港大學專業進修學院
  http://hkuspace.hku.hk/
- 香港中文大學專業進修學院
  http://www.scs.cuhk.edu.hk/
- 香港中文大學東華三院社區書院
  http://www.cutw.edu.hk./
- 香港科技大學持續進修學院
  http://www.cl3.ust.hk/
- 香港專業進修學院
  http://www.hkct.edu.hk/
- 香港城市大學專業進修學院
  http://www.cityu.edu.hk/ce/

- 香港浸會大學持續教育學院
  http://www.sce.hkbu.edu.hk/
- 嶺南大學持續進修學院
  http://www.ln.edu.hk/life/
- 香港教育學院持續專業教育學院
  http://www.scpe.ied.edu.hk/
- 香港演藝學院
  http://www.hkapa.edu/
- 香港公開大學
  http://www.ouhk.edu.hk/
- 香港公開大學李嘉誠專業進修學院
  http://www.ouhk.edu.hk/lipace
- 珠海書院
  http://www.chuhai.edu.hk/en/
- 香港基督教青年會專業進修書院
  http://www.ymcahkcollege.edu.hk/
- 香港兆基創意書院
  http://www.creativehk.edu.hk
- 明愛社區及高等教育服務
  http://www.cches.edu.hk/
- 明愛徐誠斌學院
  http://www.cfhc.caritas.edu.hk/college/main/en/index_eng.html
- 持續進修基金
  http://www.sfaa.gov.hk/cef/index.htm

職業訓練

- 職業訓練局及屬下學院
  http://www.vtc.edu.hk/main/tc/
- 製衣業訓練局
  http://www.clothingtraining.org.hk/

- 匯縱專業發展中心
  http://ivdc.vtc.edu.hk/
- 香港生產力促進局
  http://www.hkpc.org/
- 青年會專業書院
  http://www.ymca.edu.hk/
- 香港專業進修學校
  http://www.hkct.edu.hk/
- 香港基督教服務處觀塘職業訓練中心
  http://www.ktvtc.edu.hk/
- 香港基督教女青年會持續教育部
  http://ce.ywca.org.hk/index.php
- 僱員再培訓局青年培育計劃
  http://www.erb.org/Corp/media/booklet/C2010b_57.pdf
- ERB 人才發展計劃課程
  http://yen.hkfyg.org.hk/yen2009/erb2010/erb_course.html
- 香港傳藝中心
  http://www.cac.edu.hk/
- 展翅青見計劃
  http://www.yes.labour.gov.hk/ypyt/home.aspx

海外升學

- 海外升學資訊
  http://www.edb.gov.hk/index.aspx?nodeid=1463&langno=2
- 香港教育城留學須知
  http://www.hkedcity.net/article/future_overseas/030625-005/
- 學友社留學篇
  http://student.hk/overseas/
- 學聯海外升學中心
  http://www.hkosc.com.hk/

就業輔導

- 勞工處
  http://www.labour.gov.hk/
- 勞工處青年就業起點（Y.E.S.）
  http://www.e-start.gov.hk/v3/tc/index.htm
- 勞工處擇業輔導組
  http://www.labour.gov.hk/tc/service/content4_4a.htm
- 香港青年協會青年就業網絡
  http://yen.hkfyg.org.hk/
- 基督教協基會青年就業服務
  http://www.cubc.org.hk/tm/job1%20(1).pdf
- 勞工處互動就業服務
  http://www1.jobs.gov.hk/1/0/WebForm/
- 青少年見習就業計劃
  http://www.ywets.labour.gov.hk/tc/sch_introduction.htm
- 香港聖公會青年就業綜合服務
  http://actoflove.hkskh.org/site/portal/Site.aspx?id=A17-892&lang=zh-TW
- 香港家庭福利會青少年服務
  http://www.hkfws.org.hk/

附錄 3

參考書籍

- 杭亭頓（Huntington, Samuel P.）(1997)、黃裕美譯，《文明衝突與世界秩序的重建》。台北：聯經。
- 理查．賴德（Richard J. Leider）(1997)、陳淑惠譯，《生涯規劃與生活技巧：主宰你個人和職業的成長》。台北：新苗文化。
- 蔡元雲、勵楊蕙貞等（1998），《塑造21世紀年輕人 —— 青少年工作者手冊》。香港：突破。
- 黃惠惠（1998），《邁向成熟 —— 青年的自我成長與生涯規劃》。台北：張老師。
- 丹尼爾．高曼（Daniel Goleman）(1998)、李瑞玲等譯，《EQII．工作EQ》。台北：時報文化。
- 洪鳳儀（2000），《生涯規劃自己來 —— 做自己生涯交響樂團的指揮家》。台北：揚智文化事業股份有限公司。
- 蔡元雲（2001），《生命影響生命》。香港：突破。
- Career Ideas 叢書系列（2002）。台北：正中書局。
- 李穎詩、俞越訪問及撰文（2002），《摘金背後 —— 十個運動員的成長故事》。香港：突破。
- 林綺雲、李玉嬋、李佩怡、李詠慧（2002）編著，《生涯規劃》。台北：華杏出版。
- 梁永泰（2003），《新領袖 DNA》。香港：突破。
- 蔡元雲（2003），《從未遇上的父親》。香港：突破。
- 林順潮（2003），《窮小子．傑青醫生：我的成長剪影》。香港：青桐社。
- 陳美珠（2003），《哪怕入錯行 —— 十個工作的青年》。香港：突破。
- 區祥江（2003），《男人的命途 —— 從大衛王的抉擇三思自身》。香港：突破。
- 香港青年協會（2003），《香港青年對北上珠三角發展事業的取態研究》。香港：香港青年協會。
- 李錦洪（2003），《迎向未來的 10 堂課》。香港：突破。
- 華克理（Rick Warren）(2004)、楊高俐理譯，《標竿人生：建造目的導向的人生》。香港：基督使者協會。
- 鄭贊嘉編著，張添洲審訂（2006），《生涯規劃》。台北：五南圖書出版股份有限公司。
- 麥樹堅（2007），《愛在溫柔流動 —— 嘉榆老師的生命教育》。香港：突破。
- 區祥江（2008），《生命軌迹 —— 13 個助人自助的成長關鍵》。香港：突破。
- 蘇恩佩（2008），《死亡，別狂傲》（復刻本）。香港：突破。
- 鄧淑英、梁裕宏等（2008），《創路達人の從零開始》。香港：突破。
- 蔡元雲（2009），《改變，由我開始》。香港：突破。
- 沈淑文（2009），《完美有病》。香港：突破。

- 區祥江（2009），《快樂軌迹 —— 10 個正向心理學的生活智慧》。香港：突破。
- 沈淑文（2009），《無嫉而愛》。香港：突破。
- 區祥江（2009），《我做工？工做我！ —— 工作與自我的雙向旅程》。香港：突破。
- 梁永泰（2009），《哪個孩子不出色》。香港：突破。
- 湯國鈞、姚穎詩、邱敏儀（2010），《喜樂工程 —— 以正向心理學打造幸福人生》。香港：突破。
- 蔡元雲（2010），《與恩師的 10 堂課 —— 我的路》。香港：突破。
- 伍詠光（2010），《卑情夠了》。香港：突破。
- 鄧淑英、黃嘉儀等（2010），《玩創未來》。香港：突破。
- 力克．胡哲（Nick Vujicic）(2010)、彭蕙仙譯，《人生不設限：我那好得不像話的生命體驗》。台北：方智出版社股份有限公司。
- Seligman, Linda (1994). *Developmental Career Counseling and Assessment*. California: Sage Publications, Inc.
- Gardner, H., Csikszentmihalyi, M., and Damon, W. (2001). *Good Work: Where Excellence and Ethics Meet*. New York: Basic Book.
- Gardner, Howard (1999). *Intelligence Reframed*. New York: Basic Books.
- Ting, John (1995). *Living Biblically at Work*. Singapore: Landmark Books.
- Moody, Raymond (1975). *Life after Life: The Investigation of a Phenomenon-survival of Bodily Death*. St Simons Island GA: Mockingbird Books.
- Muggeridge, Malcolm (1971). *Something Beautiful for God: Mother Teresa of Calcutta*. New York: Harper & Row.
- Naisbitt, John (1994). *Global Paradox: The Bigger the World Economy, the More Powerful its Smallest Players*. New York: William Morrow & Company, Inc.
- Naisbitt, John, et al. (1999). *High Tech High Touch: Technology and Our Search for Meaning*. New York: Broadway Books.
- Naisbitt, John (1997). *Megatrends Asia*. London: Nicholas Brealey.
- Palmer, Parker J. (2000). *Let Your Life Speak: Listening for the Voice of Vocation*. San Francisco: Jossey-Bass.
- Rifkin, Jeremy (1998). *The Biotech Century: Harnessing the Gene and Re-making the World*. New York: Jeremy P. Tacher / Putnam.
- Seligman, Linda (1994). *Developmental Career Counseling and Assessment*. C.A.: Sage Publications, Inc.
- Teresa, Mother (1996). *No Greater Love*. C.A.: New World Library.

鳴謝轉載：Breakazine！創作小組（2010），《Breakazine！#005 筍工之神話》。香港：突破。(採訪：李玉霞、彭正雄、司徒咏珊、何兆斌；攝影：黃國榮)

附錄 4

寫給與青少年同行的你

三十年如一日，我都是與青少年同行。每個青少年心中都有夢，只是給周遭的聲音掩蓋了內心的聲音。能夠與他們一起創造空間，撥開雲霧，心中的夢會顯現出來。

近年，我深信跨代同行是兩代互相祝福的關係。為了感謝我的生命師傅，我撰寫了《與恩師的 10 堂課——我的路》，收到不少青少年與青年工作者的迴響，給我很大鼓勵。近年增加了與青少年的家長、老師、校長及青少年工作者對話交流的機會。我深信倘若有父母、老師或青少年工作者與青年人結伴同行，他們更有尋夢、創路的勇氣。

深願父母、老師及青少年工作者善用本書作為與青少年同行的溝通橋樑。父母可以與子女一同閱讀這本書，再撥出時間聆聽子女分享他們尋夢的歷程，最重要的是聆聽及鼓勵，不必將自己的期望強加在子女身上。兩代同行，子女們更有尋夢的心志，走出自己的路。

青少年工作者可以組織一些尋夢小組、創路小組，在活動及安靜中引導青少年更加明白自己心中真正的夢想，並且尋找一條適合自己走的人生路。青少年工作者悉心聆聽、愛心鼓勵，陪伴青少年到不同的職場觀察，到社區參與服務，都有助新一代「敢夢想飛」。

各位與青少年同行的父母、老師及青少年工作者，我也希望聽到你們的分享，你如何陪伴他們尋找人生的方向與召命？

（email：cywbook@breakthrough.org.hk）

我的個人版本

蔡元雲、

合著

年 月 日